暴走社會

「過剰反応」社会の悪夢

HIROAKIENOMOTO
榎本博明

王榆琮——譯

目錄 Contents

第二章　反應過度的人們

第四章　反應過度造成的社會現象

第五章　防止反應過度的方法

前言

不知是從何時開始，我們的社會瀰漫著一股斤斤計較的風氣，人們常會為了意想不到的小事而提出投訴。當我看到這些投訴時，總會因為知道那只是反應過度而啞口無言。不過，在看到被投訴者畢恭畢敬地回應時，我除了瞠目結舌之外，心裡也會想：「這不也是一種反應過度嗎？」

但話說回來，遭到投訴的一方若是不積極處理客戶的意見，反而會讓事態惡化，因此他們也不得不用十分誇張的低姿態來處理投訴。

此外，要是有人在網路上發表充滿批判性的留言，不管是企業、商店、學校、醫院都會遭受「你們太差勁了」、「這種人（事）不值得原諒」等言論抨擊，甚至經營會因此受到致命性的打擊。所以為了應付這類投訴，被投訴者常會顯得異常地神經質。

但是，為何他們非要將事情處理到人盡皆知的地步不可呢？例如在日本，被拿來做為作業簿封面的昆蟲照片，因為有使用者提出「看起來好討厭」的投訴，而將使用了三十年以上的昆蟲封面汰換掉。還有傳達出家庭溫馨的電視廣告，因為有觀眾看了感到難過，所以在經過投訴後決定取消播放。此外，全國各地也相繼傳出因為幼兒園學童太過吵鬧而被投訴的事件。據說，有些幼兒園還因此限制小朋友到戶外遊戲區玩耍。

從這些案例中你會發現，原本稀鬆平常的小事，現在卻成了大眾無法接受的狀況。還有，原本以為是常識的事物，現在居然變成走到哪裡大家都無法容忍的困擾。

雖然投訴者們對自己不講理的行為毫無自覺，認為有理就能行遍天下，當然他們也有權力糾舉企業以及店家的失態；然而看在第三者的眼裡，他們的要求根本稱不上是在講道理。因為不管怎麼看那些投訴，都已經超出了常識的範疇。

此外，不只是企業和店家需要面對不講理的投訴，在某些案例中，就連人際關係也會因為一點小事而掀起風波。引發事端的當事人異常的情緒化，並且反應過度到任何人看了都會覺得那根本是脫序行為。

我發現那些容易失控的投訴者有一個特徵，那就是他們常會因為他人不經意的一句話或態度而受到傷害，接著就會陷入低潮，甚至還逢人就拚命說眼中釘的壞話。雖然那些遭到攻擊的人們並沒有任何惡意，不過對投訴者來說，那些人就是會讓他們怒火中燒，因而不惜在眾人面前展現出強烈的攻擊性，又或是高舉著冠冕堂皇的道德情操，不斷以此抨擊自己討厭的人。他們無意考量對方的立場，只是一味地相信自己的想法絕對是正確的。而那些人的過度反應也讓大家退避三舍，甚至不敢仗義執言。

那麼，我們的社會為什麼會產生這種現象呢？在第一章當中，本書將會舉出各種反應過度的社會案例，讓讀者初步了解現實生活中曾經發生過的事件，並探討其中所衍生的隱憂。第二章將介紹在生活上有著反應過度的人有哪幾種類型。

或許你會問：為什麼有些人在遇到問題時，會表現出極端的反應過度呢？其中到底又有什麼樣的心理因素呢？為此，本書的第三章將探討反應過度的內心世界，並解析反應過度的個人心理機制。

為何我們生活的環境會演變成反應過度的社會呢？還有，現代社會究竟又引發出什麼樣的過度反應？在第四章中，本書將分析產生反應過度的社會背景，以及現代社會中的某些特性，如何催化了反應過度誕生。

還有，我們是否有辦法擺脫有如惡夢般煩人的反應過度？在第五章，我們將介紹防止反應過度不斷蔓延、以及大家能力可及範圍內能著手改善的方法。

或許有些人認為反應過度的社會並沒有什麼大問題，但其實生活中的許多事件都會因為反應過度而逐漸惡化，無論是企業還是個人，都曾因為這種現象苦不堪言。總之，本書先從第一章開始介紹相關案例，幫助讀者初步了解反應過度的真面目，並且一起探討其隱憂究竟有多嚴重。

第一章
Chapter 1

反應過度社會的典型現象

每個人都會看在「很暢銷」的分上自動購買特定書籍，
或者因為聽說票房很好而觀賞特定的電影。
這種無視自己的興趣、沒有深思自己是否真的喜歡，
其實是大量的媒體資訊所造成的反應過度。

作業簿封面上的昆蟲為何會消失

說起「日本學童作業簿」，不少人都會回憶起封面上的昆蟲、花朵照片吧？這個由Showa Note公司製作的作業簿，自一九七〇年發售以來，已達到十二億冊的銷售量。只要在日本說起學童寫作用的本子，每個人都會想到這款日本學童作業簿。作業簿的封面因學年、科目而異，大約有五十種不同封面的作業簿在市面上販售。

至於封面上的照片，其實是Showa Note公司的專屬攝影師，為了能讓孩子們看到平時難以親眼看見的大自然，帶著笨重的器材和睡袋，前往世界各地，停留了好幾個月後所拍出來的心血結晶。

然而在二〇一二年後，作業簿封面上的昆蟲照片卻消失了。

其中的理由是：「小朋友們討厭昆蟲照片，所以不想拿這本作業簿」、「上課時因為作業簿的封面有昆蟲照片，所以會不敢把它闔上」。

投訴的重點在於昆蟲照片讓使用者感到不快，因此希望廠商取消昆蟲照片封面。據說，不是只有家長有這樣的投訴，就連老師也抱持著同樣的看法。有些年輕的老師，看到蝴蝶照片時還會厭惡地說：「這是飛蛾吧？」雖然每個人都有自己較為感性的想法，有權利對此表示厭惡，但因此投訴作業簿的廠商，卻明顯有反應過度的嫌疑。

片岸茂社長無奈地表示：「這也許是因為孩子們捕捉昆蟲的機會變少了吧？」（《產經新聞》二〇一四年十一月二十四日）

開發部門的小原崇先生認為：「由於日本學童作業簿常常被學校指定拿來寫作業，因此，比起自己與朋友的相處時間，學生接觸作業簿的時間會更多。而學校老師也因為要批改學生們的作業，經常會看到這本作業簿。因為一個人要長時間使用這項產品，所以才會更讓人排斥。」（《朝日新聞》二〇一四年十二月四日）

以上就是廠商對於取消使用昆蟲照片所做的說明。

因此，後來有將近半數的作業簿版本開始進行改版，逐漸減少使用昆蟲照片來當封面。直到兩年前，廠商終於將所有版本的封面都更改為花朵照片。而到了二〇一四年十一月，作為新系列商品的「日本學童之友」，則將封面改為以兒童特寫為主題的圖畫。

不管是蝴蝶、蟬、蜻蜓，或是獨角仙和鍬形蟲，都是相當貼近我們生活的昆蟲。雖然現在獨角仙和鍬形蟲很難在市中心看到，不過夏天通常還是能看到蝴蝶、蟬與蜻蜓棲息在我們的身邊。

當然，很久以前也有討厭昆蟲的兒童，其中有些孩子雖然討厭，但能用手捕捉，有些則是連摸都不敢摸。不過，因為討厭昆蟲而興起全面排除昆蟲照片的想法，可說是前所未有。證據就是大約從十年前開始，才漸漸地出現了這類的投訴。

雖說保護自然以及和自然共存的觀念由來已久，但這其實是因為我們始終難以打下善待自然的行為基礎，所以才會積極地提倡環境教育。只是，負責宣導環境教育的老師之中，或許有越來越多人已經和自然漸行漸遠，甚或是打從心底不喜歡接觸大自然。

大約在二十年前，我曾以學生及老師為對象，進行了關於親身體驗大自然、尊重自然意識的調查。那次的研究，是因為我對於調查對象的自然環保意識感到憂心。後來結果也正如我所預料，不只是現代學生缺乏接觸大自然的經驗，就連老師也相當欠缺自然環境的相關體驗。例如，有不少老師沒有在樹上摘取果實或捕捉昆蟲的經驗；換句話說，老師在課堂上教導學生自然知識時，比起世代上的差距，最大的缺陷在於雙方都欠缺大自然方面的認知。其中「捕捉過蟬、蜻蜓」的人不到全體的百分之十九，而「捕捉過蚱蜢、螳螂」的不到百分之二十四，至於「捕捉過獨角仙、鍬形蟲」的，則不到百分之四十六。而在調查結束的二十年後，當時所有缺乏自然體驗的老師都成了中堅世代的教職員，更不用說現在的年輕老師比當年更缺乏自然方面的體驗。

也因為如此，現在會有討厭蝴蝶、獨角仙的老師及家長，也是理所當然的。

然而，問題在於那些大自然中的生物並不像蟑螂、老鼠一樣有害。我們的孩子看到相當貼近生活的蝴蝶和獨角仙時，不但產生出「因為很噁心，所以希望牠們消失」、「很想把牠們從自己的視線範圍中移除」的心理，甚至為了實現這種願望，用投訴的方法來強求他人接受這種自私的心態。

人類的確會不喜歡讓自己感到討厭的東西，但是討厭或不擅長應付某種東西是個人觀感。即使自己討厭某種東西，不代表其他人也會討厭，而且說不定還有人特別喜愛那樣東西。昆蟲正是這樣的例子。可是即便如此，還是會有人基於個人好惡，極力想要排除眼中釘，並且希望討厭的東西能在這世界上徹底消失。我想反問的是：產生這種想法不是很危險嗎？

因為這種觀念容易養成不管遇到什麼場合，都希望能以自己的想法掌控一切的心態。如果放任這樣的觀念蔓延開來，那麼不只是昆蟲，恐怕還會形成讓孩子一遇到討厭的人就盡全力忽視、排斥的態度。

解剖學家養老孟司對於作業簿封面停用昆蟲照片一事的看法是：「如果人類在充斥人造物的環境中成長，一遇到討厭的東西就盡力排除，那麼反思自然、生命等所有無法控制的事物的機會將會減少。不但會因為『不想看見』而排斥其他事物，也會變得不想和他人有所牽扯。結果造成我們的社會徹底失去寬容心。」

「自然中有值得眾人喜愛的東西，也會有令人討厭的東西。人只要活在世界上，就一定會接觸到各種事物，畢竟人類也是大自然的一分子，所以我們應該要用更誠懇的心來面對這個世界。」（《朝日新聞》二〇一四年十二月四日)。

總之,那種因為自己討厭昆蟲、連帶也討厭日本學童作業簿封面的昆蟲照片,並且不惜向廠商投訴的心理,很容易培養出孩子們徹底排除所有討厭東西的觀念。但遺憾的是,企業在面對這類投訴時所擺出的低姿態,同時也助長了這種心態的誕生。

被迫停播的溫馨廣告

東京天然氣公司有一個廣告,敘述女大學生求職過程不如意,以及母親對女兒的關懷與付出之情。

但是,這則廣告在正式開播後卻飽受觀眾的批評。

「劇情太寫實,讓人看了覺得心痛。」

「畢竟求職者有一些不為人知的辛酸,希望拍廣告的人可以顧慮一下他們的心情。」

「社會上有很多辛苦打拚的求職者，別隨便拿他們當廣告題材！」

「要觀眾面對現實的痛苦有意義嗎？」

「東京天然氣公司和製作這個廣告的人，大概是不懂求職壓力的人生勝利組，所以才會不了解應徵落選時的心情。」

「也許別用這麼傷心的結局會比較好，如果結局改為應徵成功，還能拯救主角的際遇。」

諸如此類的批評，讓這則廣告不得不中止播放。

這個引發負面話題的廣告屬於「家人的羈絆」系列，標題為「母親的應援篇」。內容以社會新鮮人的就職問題為主，並描述了母親和女兒之間的深厚親情。

廣告的主角是一位女大學生，在應徵工作時被很多公司打了回票。主角陷入低潮時心想：「我收到不予錄用的告知郵件應該有數十封了吧」、「每次筆試和面試失敗後都會覺得：『妳唸書時又做過什麼事呢』、『這個社會沒有妳想像中的簡單』、『所以公司才不錄你』。整個世界就像這樣不斷否定著自己。」後來有一次，女大學生終於進入面試的最後一關，這次她很有信心，對於收到錄取通知充滿了期待。回家的路上買好蛋糕後，在家門玄關卻突然收到了不予錄取的回信。由於她承受不住這次的打擊，因此沒有走進家裡，只是消沉地坐在附近公園的鞦韆上。後來，擔心女兒晚歸的母親也到了公園。在和母親溫馨地談話後，主角便放聲大哭了起來。最後她回到家中，打起精神，吃下母親做的充滿溫情的菜餚，也有了再接再厲的心情，重新振作起來。＊

然而這樣的內容卻讓許多求職者和家長感到很不愉快。

當然，也有人對這則廣告給予肯定的評價，也有人對於要取消播放感到惋惜。

＊譯註：此段影片可見：https://www.facebook.com/video.php?v=813074162050770&set=vb.171385706219622&type=3&permPage=1

「雖然主角努力後無法獲得想要的結果，但她還是願意繼續奮鬥，所以我認為這則廣告沒有太大的問題。」

「這則廣告讓我知道，不是只有自己苦於求職的壓力，而且還鼓勵了我不要害怕失敗。」

「這怎麼看就是在傳達不管有多辛酸，背後也會有家人的溫情支持。」

「我覺得大家都了解抵制廣告也無濟於事，但卻還是要強迫這則廣告停播。就算這麼做，現實的殘酷也不會有所改變啊。」

「這結局本來就是要鼓勵大家要有百折不撓的精神，實在不明白哪裡不好。」

「我認為停播這則廣告很可惜，它能讓大家思考社會環境的嚴峻。但現在大家只能在投訴風波下互相勉勵了。」

至於投訴的主旨，就是說廣告讓人回憶起嚴苛的現實，並且使觀眾的心情不佳，所以提出取消播放的要求。確實，對於不管怎麼努力都遭遇挫敗的求職者來說，這則廣告忠實地呈現了殘忍的事實，會讓人回憶起找工作時的討厭經驗，所以有人不願意再看一眼也是在所難免。

由於現代的應徵者已經不用特地登門拜訪企業，只要在網路上就能申請電話面試，所以一個人應徵數十間公司已是司空見慣的事。據說，有的應徵者甚至會投遞一百份以上的履歷。正因為各企業每年都會收到許多大學生的申請，為了避免每個人都要走正式的面試篩選流程，所以才不得不淘汰掉大量應徵者。也因此，應徵數十間企業也依然找不到工作的情形可謂家常便飯。

另外，我們也常常能聽到一些社會新鮮人對這種現象感到絕望，並開始逃避求職場合的事例。由此可知，我們的就業環境確實十分嚴苛。而處於這種環境的求職者在看到廣告中的主角後，多少會將自己的經驗代入其中，同時也變得焦慮不安起來。但是求職者與家長向企業投訴，並且希望廣告就此停播，實在不得不說是一連串的反應過度。

這則廣告雖然描述了求職者的現狀，但並沒有特別針對陷入低潮的求職者說：「你是沒用的人。」

故事中想要強調的是母親關懷低潮的孩子，並溫柔地鼓勵，使孩子整理好心情，進而產生再接再厲的勇氣。

而且事實上，每個人都會用自己的看法去解讀這則廣告。

例如有些人會覺得：「即使廣告主角的遭遇和自己有所重疊，不但看了心情難過，也覺得像是在否定自己的努力；但卻也能從中看出不是只有自己有這樣的煩惱。既然每個人都知道再辛苦也要撐下去，那我也要好好加油。」換句話說，雖然大家看到的是同樣的廣告，但解讀的結果卻因人而異。

此外，人習慣將內心世界投射至外在環境。因為內心強烈否定自己，因此會感覺自己像廣告主角一樣失敗。但內心對就業的企圖越強，就越會理解不是只有自己過得很辛苦，甚至會認為自己也要繼續加油才對。

所以廣告解讀出來的結果，其實是由解讀的一方來決定。也就是說，廣告中所隱含的寓意不是由製作者所授予，製作者只是將素材拋出，讓解讀者自行產出結果而已。有討厭這則廣告的求職者，自然也會有因此受到鼓勵的求職者。當然在長輩的族群裡，也會有人因為這則廣告而再度審視求職者的辛苦狀況。

總之，這個世界上不但會有各種人去解讀廣告的涵義，而且也會有很多人用意料之外的角度去看待。

針對自己不喜歡的事物而要求他人加以處理，只會讓很多事情沒完沒了。正如前文所述，既然有討厭昆蟲照片的孩子，當然也會有喜歡昆蟲照片的孩子。因此，既然有求職者被這則廣告傷害，也就會有求職者因為溫暖的家庭情誼而深受感動。可惜企業將一部分反應過度的投訴當成是全體國民的意見，還配合做出不合理的應對。這樣反而像背叛了更多人從這則廣告獲得的啟發吧？

這則廣告所引起的風波就像日本學童的作業簿，為了滿足消費者和觀眾希望處理掉討厭事物的心情，企業只好負起全部的責任。畢竟企業是在做生意，所以遇到來自客戶的投訴容易表現出欣然接受的態度；但也因為這樣，企業遇到問題時，才會不加考量是非對錯便乖乖就範。

承受輿論壓力的球隊女經理

曾經有一則新聞，內容是某高中的棒球校隊即將在全國高中聯賽中大顯身手。該球隊裡有數名擔任社團經理的女同學，由於和球員們感情不錯，為了支持球隊前進甲子園，做了大量飯糰慰勞球員。其中有一位社團經理，想要更專心地來製作飯糰，於是決定退出以考取第一志願為目標的資優班，轉往一般程度的升學班。在新聞中，這位女同學開心地表示自己很樂意替球隊加油打氣，球員們也稱讚她是日本第一的社團經理。然而，這則報導卻在推特上掀起了一場飯糰論戰。

有人被熱血經理和球員們團結合作的情誼所感動，認為他們努力的模樣為青春寫下了美麗的一頁；但也有人認為球員想吃飯糰大可以自己動手做，憑什麼要女同學犧牲大好前程製作飯糰，他們認為這有性別歧視之嫌。因此，持反面意見的人們不但討厭這則蔚為美談的故事，還相繼投書給報導這則新聞的媒體抗議。

關於女同學犧牲課業也要做飯糰一事，我們無法確定媒體的報導純粹是反映事實，還是刻意將女學生的決定加工為犧牲自我的美談；

但媒體在報導中加油添醋早已屢見不鮮，如果反對的一方不滿而加以批判，那麼也不過是在隨著媒體起舞而已。

反對者批判媒體的報導也就罷了，但那些批評可能會對這名女學生造成難以想像的傷害。如果整個社會想透過大眾意識改變個人的決定，就不該用可能會傷害到個人的方式，而是要試著以別種方法來進行溝通。

再說，那位女同學有權決定自己的未來，只要不構成犯罪或違反善良風俗，基本上任何人都不能干預。當事人也表示自己樂於為球隊付出心力，願意和大家一起前進甲子園，共享勝利的果實。可是有些人卻刻意否定女學生的決定，認為「用這種方式決定將來是錯誤的」。這種言論或許會對當事人造成不少傷害吧？而且平心而論，不管是誰都沒有權力對他人的人生指指點點吧？

這個圍繞在球隊經理身上的爭論，怎麼看都是一種反應過度。而媒體的表現更是為此火上加油。

對於球隊有歧視女性之嫌的批評，學校方面則是回應：女生負責製作飯糰不算是性別歧視，而且球隊經理的職位也不只限於女生擔任，以前也曾有男同學擔任過球隊經理。

身為當事人的女同學，不但感謝球員們帶大家前進甲子園，據說也不後悔轉往一般程度的升學班，因為她相信自己的決定沒有錯。後來，網路上開始有人認為這位女同學會做這樣的決定，其實是看在有利於推甄入學的分上。對此，女同學出面否定了這個說法，她表示自己並不打算靠推甄升學，而是計畫要用功唸書然後透過一般的入學考試升學。

其實，這讓我想起我曾出席過的人權委員會，該會議可供市民旁聽。那時也出現過相似的情況。

雖然我是委員會的成員之一，但由於我的職業允許帶著小孩上班，而且我本身也常常帶著孩子工作，所以在宣導「父母雙方都能親自帶小孩」的立場來說，我成了適合討論育兒經驗的人選。當時我們舉辦了一場宣導父親也能開心養育孩子的座談會。

當然在養兒育女方面，每個人都有一套屬於自己的心得。可是某位委員的意見卻特別讓我印象深刻。

這位委員在會議上表示：「就是因為有媽媽覺得養小孩是很快樂的事，所以女性的地位才會無法提升。這些媽媽已經被以男性為主的父權社會給洗腦了，我認為有必要讓媽媽們有所自覺，必須以制度化的方式幫媽媽們卸下養育孩子的責任。」

不管是想讓女性的地位提升也好，批判以男性為尊的觀念也罷，但這種意見已經否定了樂於養兒育女的媽媽們。我心想，為何他會覺得這種想法沒有半點問題呢？那位委員表現出自己是絕對正確的，並且也不尊重他人的主體性，甚至單方面糾正他人觀念的態度，實在讓我無法認同。

更何況，座談會的立場就是：男女雙方無論喜歡與否，都要負起養育孩子的責任。所以我對於讓父母從養育孩子的責任中解放，迴避與孩子相處的想法有所質疑。在那場座談會後，我也發現日本社會的教育風氣逐漸在朝此方向發展。在不重視孩子以及年輕人自尊心的環境下，這種想法也許已經成為一種風潮了吧？

但我還是很好奇，為何會有人否定樂於親子交流、並且從中獲得充實感和喜悅的生活方式呢？我認為那種非得干涉他人的人生、不認同他人的價值觀與生活方式的想法，會造就一種非常危險的心理。在全球化的時代裡，和不同民族、文化共存共榮是必要的觀念，而放任這樣的心理為所欲為，可說是一種背道而馳的作法。

另外一個問題就是，如果該社團經理為了做飯糰不惜放棄資優班的消息屬實，那麼要是換成球員為了專心練球而放棄資優班時，持反對意見的人們還會用否定的觀點來看待球員嗎？我想他們大多會認為，擅長運動的學生們可能沒有唸書的才能吧？雖然球員們專心唸書也有可能在學業上發揮實力，但這種為了專心打球而犧牲學業的決定，大家也時有所聞。

即使如此，可以透過這樣的努力來到甲子園，並取得殊榮，還能以棒球維生的人，事實上也只有一小部分而已。但很多選手不認為這是值得探討的問題，認真地打棒球本身就是件很有意義的事，光是參與比賽就已經讓他們獲益良多。

報導中的社團經理大概也有一樣的想法，難得有機會和球隊一起前進甲子園，和社團成員們一起為高中聯賽努力，能夠度過充實的每一天就已經心滿意足了。

或許有人會說：「這是錯誤的！因為球員才是比賽中的主角，社團經理只不過是負責幕後的工作成員罷了。」我在觀察飯糰論戰時，發現有不少人抱持著這樣的觀點。

但是，誰規定這件事一定要有主角呢？負責在幕後幫助球隊的成員就非得是失敗者、犧牲者嗎？沒有當上主角的人生就真的那麼沒價值嗎？如果真的是這樣，擁有這種價值觀的人，大多都會抱持著挫折感過活吧？他們為了確保孩子能當上主角，不惜在幼兒園、學校、才藝發表會等場合中做各種安排，只要事與願違就開始投訴：「為什麼我家的小孩不是主角？」、「為什麼負責鋼琴演奏的人不是我家的小孩？」這類理直氣壯的主張，乍看之下似乎也沒什麼好奇怪的。

但照這樣的道理看來，在戲劇和電影的領域裡，就只有演員和導演才有價值，負責幕後工作的道具師、燈光師、化妝師等等，就都是沒有價值的工作？如果再將這樣的價值觀延伸下去，那麼演員當中，就只有飾演主角的演員才有價值，飾演配角的演員統統都是失敗者？我想反問，抱持著這樣的價值觀過生活，真的可以讓人生變得更順遂嗎？

我們在觀賞運動比賽時，常常能看到應援團和女子啦啦隊卯足全力為選手加油。確實有人認為在場上比賽的選手才是主角，就算應援團和啦啦隊再怎麼努力，比賽的勝負還是跟他們沒有直接關係；就算他們支持的對象贏了，也不可能代替選手成為取得勝利的最大功臣。但是，那些拚命為選手加油的人們並不在乎自己是否成為主角，比起當上主角，和大家一同分工合作，融入團體之中，更讓他們有充實感和成就感。

在職棒比賽中，有些球迷會為了替球隊加油，而犧牲工作和私人生活。也有人為了替足球隊加油，不惜動用存款，只求能去海外親自為選手加油。從這樣的邏輯來檢視，你還會認為有人有權力否定那些樂於幫助他人的人生嗎？

為何強調「暢銷」就是能賺錢？

雖然這一節所講的現象，在經濟較寬裕的地區常常會發生，不過這也算是因為媒體和網路而產生的反應過度。

某些標榜有益健康的食品在電視及網路上造成話題後，隔天馬上就會有大批客人前往店家消費，甚至還會因此而缺貨。還有，網路上能訂購到的書和ＤＶＤ，只要被媒體稍微介紹，過不久廠商就會收到大量訂單。

通常還會開始流傳：「這是目前最暢銷的商品」、「引起話題的人氣商品」、「這本書熱賣中」、「大家都在討論」等類似資訊，而這也會吸引更多人購買。

電影也是靠著「現正火熱上映中」的宣傳標語，讓許多人不管內容為何，只覺得「那部電影很賣座，而且有話題」而甘願花錢觀看。

於是「賣得很好」不但會讓暢銷商品越賣越有銷路，大家也會基於這個理由一窩蜂地購買特定商品；至於其他商品則因為「不暢銷」，成了不值一顧的東西。

但只要仔細想就會發現，對自己而言的「最好」的購買標準，不在於他人是否想擁有某項物品，或者對某項物品感到興趣，而是自己是否真的想要這件物品，或覺得這件物品有趣。換句話說，如果真的是自己想要的，你會自行花錢消費。想讀自己覺得有趣的書，看自己覺得有趣的電影，都是基於這樣的動機而消費。

雖然如此，但只要某項商品被冠上「暢銷」的標籤，就會有很多人搶著購買。每個人都會看在「很暢銷」的分上自動購買特定書籍，或者因為聽說票房很好而觀賞特定的電影等等，這種無視自己的興趣、沒有深思自己是否真的喜歡，其實是因為大量媒體資訊所造成的反應過度。

那麼，為何會有這種現象呢？這是因為市面上的商品實在是太多了。因為太多，所以導致人們無法判斷哪種商品最適合自己。

而在這時，很容易產生以捷思法*來蒐集資訊的思考模式。原本在消費前，不論購買物品、書本或觀看電影，人們都會先親自蒐集各種資訊，以便判斷自己是否需要消費；但是，因為資訊量太大，可供選擇的對象又太多，想要一一判斷就必須花費好一番工夫，因此，很多人會開始放棄下判斷，接著用捷思法以便省時省力的處理資訊。

「因為大家都在買，所以肯定是好東西。」

「因為是暢銷商品，所以這本書很有趣吧。」

「因為很賣座，所以是好看的電影吧。」

像這種思考模式就是典型的捷思法。

過度依賴捷思法會害自己買下一堆只能不斷囤積但沒機會穿的衣服；去吃大家一致推薦的人氣美食，卻發現不合胃口；買了暢銷書，

*譯註：捷思法（Heuristic）：這是一種人在下決定時，為了省下檢討各種資訊的時間，而在有限資訊中挑選一個符合結論的思考方式。這種思考方式的優點在於可以迅速進行決策，缺點是決策的結論會太過偏頗，容易產生誤判。

卻在看了一段後就覺得索然無味；看票房賣座的電影，卻覺得一點也不有趣。

正因為充斥在市面上的各種商品產生了龐大的資訊量，讓人覺得可供選擇的對象太多，所以在無法深思自己是否真的需要時，就被媒體資訊的洪流給吞沒。

事實上，這類情況早已見怪不怪，因為每個人多少都曾有過這種經驗。

太過保護個資反而作繭自縛

雖說保護個資是每個人應有的觀念，但在保護個資的當下，我們往往很容易產生過度反應。因為我們不知道該如何拿捏個資處理的細節，因此反而在不知不覺間形成日常生活的阻礙。

其中，以學校和幼兒園最常出現接下來將介紹的狀況，因為假若這些教育機構不為學生、幼童製作通訊錄，教職員便無法在緊急時聯絡家長。雖然以前每個班級都會發布通訊錄，不過現在的學校卻已經沒有發布這類資訊的習慣了，這是因為負責製作通訊錄的廠商會私下販賣這些個資，並且因此造成各種相關的損害。所以，現在大家對個資特別敏感也是無可奈何的事。

但是，緊急時沒有通訊錄可以使用卻也很不方便。例如，因天候不佳及流行性感冒因素等必須臨時放假時，相關人員就得另外想辦法聯絡家長。要是這時候也沒有通訊聯絡網可用，教職員們還必須花時間一一聯絡每個家庭。但即使如此，教職員們還是基於保護學生個資的考量，而無法取得聯絡學生用的通訊錄。因此在必要時，教職員們照樣沒辦法迅速聯繫。

這種狀況在大學也會發生，他們會針對類似訴求而發布公告，例如校方表示不會因為課堂講座等活動而製作通訊錄，但這卻造成了相當大的不便，例如想通知關於下一次講座的資訊、或是通知研討會或聚餐的時間地點等注意事項時，卻因為沒有通訊錄，彼此之間難以聯絡。

在大學裡，教職員和學生並不會每天看到彼此，尤其是那些將打工視為正職的學生們，在校園中更是難以碰面。所以一旦沒有通訊錄，就無法通知學生一些必要的消息。雖然使用社群媒體也能達到相同的功用，不過這也可能會成為有心人士濫用他人個資的平台，因此想全面將社群媒體作為聯絡用的工具，仍有相當的難度。

此外，最近有些大學生不但不在課堂上透漏自己的地址、電話號碼、電子郵件等，也不向他人提供學號和姓名等個資。所以教職員想把可用於教學範例的學生報告備份下來時，就不能在副本上留下學生資料，而必須確實地將學號和姓名遮蓋起來，才能請雇員影印備份。

只是，我很想反問大家，真的有必要保護個資到這種地步嗎？這些情形難道就沒有反應過度的嫌疑嗎？

雖然和個資的情形不同，不過我有類似的個人經驗想分享一下。數十年前我在國立大學工作時，曾有過教職員不准和學生一同用餐的規定。雖然文科省*本來就禁止教職員和廠商有聚餐等交際行為，不過對教職員來說，學生也是會產生利益關係的對象。換句話說，教職員也要將學生視為廠商，從而避免一同用餐。當我說明自己必須遵守這樣的立場時，有些人會說：「怎麼會有這種怪事？」

這是因為校方想防範於未然，所以想靠著預想各種狀況來阻絕發生差錯的可能。但這種反應過度反而讓人變得綁手綁腳。

北海道總務局人事處為了讓大眾參考在保護個資方面如何算是反應過度，曾對外提供一份常見問答集。

其中刊載了許多訪談，有些是家庭因為不想被他人知道通訊地

＊譯註：文科省全名為文部科學省，類似中華民國教育部和科技部的合體。

址，所以無法製作通訊錄。以及某些家長認為「孩子出去玩後就會不想回來」、「我們不想讓孩子惹上麻煩」而無法發放通訊錄，導致學校失去聯絡家長的管道，只好讓雇員盡量在上班時間內完成所有聯絡事項。

雖然如此，但日本的《個資保護法》並沒有規定禁止製作、發布通訊錄；而是只要經過當事人的同意，就能夠進行。即使不是班級裡的每個人都同意製作，那麼也可以只公開、發布已同意者的通訊資料。

這條法律的頒布，反而顯出為了保護個資而放棄製作通訊錄的校方、以及不想讓他人知道通訊地址的學生家長是過分小心了。

另外，因為規定不得公開特定的個資，因此當學生作品、照片需要公布於出版品和網路上時，校方會為了保護當事者或應付家長，而制定出許多繁雜的手續。此時，創作作品的學生姓名、學號是否需要記載，也必須徵求當事人的同意。

由於這樣的規定，所以教職員會盡量迴避這些麻煩的手續，甚至會決定乾脆不對外公開學生的優秀作品。但我認為這恐怕會影響到寶貴的學術交流，使一般的交流變得更加乏味生硬。

此外，大學還針對表揚學生和不表揚學生各自可能會造成的心理傷害，特別制定規範。這個過於神經質的動作，不只是因為校方要保護學生的個資，也是因為校方害怕作品無法發表的少數人，看到他人作品得以發表後會心生不滿。這或許是因為校方覺得安撫少數人是一件麻煩的差事吧？但因為這樣的規定，所以校方要想盡辦法讓全部學生的作品都公開發表，並且因此必須和全體學生進行協調。這麼做反倒使整體程序變得更加複雜。

北海道總務局人事處的常見問答集中，也有關於醫院醫師的訪談。其中「學生受傷時必須向班導說明」的項目相當讓人詫異。就常識來判斷，當學生受傷時，醫師對一同前往的老師說明受傷情形，算是一種善意的表現，不應該是什麼大問題才對。但是，他們還是將這方面的問題提出來作為參考，這表示醫師們在現實中也不得不考量任何可能被投訴的情形。

對此，問答集中提及，學生如果沒有表示反對，醫師就能向隨行老師說明受傷狀況和治療方式。不過，沒有一同前往的老師在事後向醫師詢問狀況時，只要沒有經過當事人的同意，醫師就不能回答。

一般來說，只要醫師和老師抱持善意，就能簡單地彼此應對。但要是醫師必須接受這麼困難的規定，還要面對有可能會接踵而至的投訴，那麼選擇不告訴當事人任何資訊會來得更省事。至於老師也會覺得多一事不如少一事，提到學生的就診狀況時會盡量輕鬆地帶過，進而變成漠不關心。

還有，病患在醫院候診時，護士通常會喊病患的名字。雖然很多人都不認為這是個大問題，但據說某些醫院在叫病患的名字後會被抗議：「你幹嘛把我的名字說出來？那是我的個資耶！」

所以現在的醫護人員會特地詢問病患：「請問您介意在候診室呼叫您的名字嗎？介意在病房門口標記您的名字嗎？」由於這樣的風氣使然，現在有越來越多病患不希望被喊出名字、也不希望自己的名字被標示在門口。

雖說如此，但其實有更多病患不喜歡用叫號碼的方式提醒自己該進入診療室。換句話說，醫院禁止護士唸出病患的名字，其實只是因為他們對投訴太過於神經質了。

像這種保護客戶個資而產生的反應過度，和為了保護個資而定下嚴格規定的態度，多少也成了讓大眾失去人性的主因。

遭到居民投訴的幼兒園

說到幼兒園，大家通常會想到小朋友們在裡頭快樂地玩耍吧？不過現今的幼兒園卻不斷收到附近住戶的投訴，說「裡面的小孩太吵了」。NHK的《早安日本》（二〇一四年十月九日播出）和《今日焦點》（二〇一四年十月二十九日播出），都曾報導過這類問題。

也因為這兩個新聞節目，全國住在幼兒園附近的居民相繼提出學童太過吵鬧的投訴，甚至有些案件還發展到了訴訟的程度。

此外，也有很多人抵制在居住環境附近設幼兒園，因為他們認為不只是兒童會發出噪音，就連家長前來接送時，大量的汽車和腳踏車也會造成當地交通堵塞。另外，前來接送的家長禮貌不足也使居民感到憂心。換句話說，當地居民好不容易在安靜的住宅區落腳，但幼兒園的出現卻讓他們的生活環境受到干擾。

根據二〇一四年九月在東京都發表的調查報告顯示，東京都有約七成的鄉鎮市區曾對幼兒園的噪音提出投訴。

據說曾有居民因為噪音，直接前往幼兒園大聲訓斥。面對這些投訴，幼兒園也只好限制兒童只能在教室外遊玩。此外，不只是在傍晚前不准兒童待在室外遊戲區，只要幼兒園一收到相關投訴，學童們就只能一整天都在室內活動。有的投訴甚至表示不想看到任何學童的身影。但最誇張的是，有些幼兒園真的會將這種投訴聽進去，結果全日都將教室窗簾放下。

雖然這種投訴讓人難以置信，但某些住在幼兒園周遭的居民，真的會提出。

當然，我也知道有些人確實不喜歡小孩，只要聽到小孩的聲音就會感到煩躁。但是，幼兒園充滿小孩的聲音不是理所當然的事嗎？因此對幼兒園投訴「小孩吵死了」、「我不想看到小孩」等，只是反應過度而已。

在以前，街區四處都可以見到孩子。只要是住家附近的空地、道路，一定都會聽到小孩的聲音。只要走出家門一步，也會看到正在玩耍的小孩。

然而，現在的空地都成了停車場，馬路也都被汽車給占據，以往小孩們可以隨意出入的遊樂場所已經消失了。基於這個原因，我曾在自治會上反對為了優先禮讓汽車，而禁止小孩在停車場附近遊玩的提議。只是我的這種看法畢竟算是少數意見。現在的小孩，想玩耍時就只能在家裡玩電玩，即使出門，大多也都是上安親班和補習班。會在自家附近遊玩的小孩明顯變少了。

對現代人來說，小孩成了在生活環境中較為少見的族群，所以居民們對小孩的嬉鬧聲自然就會欠缺寬容。

雖說如此，但對於幼兒園的投訴，我們也不能全部視為投訴者欠缺寬容心。我曾因為工作而接觸一陣子幼兒教育，當時常常聽到關於家長缺乏禮貌的話題。對幼兒園的老師來說，比起要求孩子們保持安靜，讓媽媽們保持安靜反而更棘手。此外，也常聽說一些小學生不理會老師的勸導，任意大吵大鬧。這也許是越來越多家長習慣放縱孩子和自己、沒能落實禮貌教育的結果。

從這一點看來，投訴幼兒園的噪音，也許不是中老年人們一時的心血來潮。我認為在確認這類問題時，雙方最好不要反應過度，應該冷靜、互相理解，試著尋求妥善的解決之道。

體罰的相關投訴讓學校慣於粉飾太平

曾有一則新聞揭露學校老師在社團活動時對學生進行體罰。由於該事件的影響，使社會大眾對於管教學生的方式變得相當的神經質，進而讓身處教育現場的老師們更難拿捏管教方式。

在禁止體罰的風氣下，想管教學生就必須靠語言傳達老師的意思。但如果你知道老師們在教育現場所遇到的麻煩，就會覺得反對體罰的風氣，只會讓老師們更加難為。

例如，在老師強烈要求學生注意言行舉止時，有的學生會突然朝老師的臉吐口水，或抓起老師的衣領，甚至還會動手毆打老師。這時要是老師出於自我防衛，抓住學生的雙手並撥開，學生就會故意大喊：「好痛唷！大家看到了沒有，老師在體罰我！」

也有的學生會在這時威脅老師：「我要去教育委員會告你。」

事實上，一旦學生和家長控告老師有體罰行為，往往會讓校方產生相當大的麻煩。而且無論狀況有何不同，老師都只能乖乖地接受處分。即使學生和家長沒有對此提出告訴，但要是消息傳到網路上，整個社會就會一面倒地相信學生的說詞，老師們也會擔心自己被貼上

「暴力老師」的標籤。

所以，在這種反對體罰的風氣下，老師已經無法管教學生。面對學生的不良行徑，老師們只能搖頭嘆氣，然後當作沒看到。另外，因此而有了心理疾病的老師也非常多，到最後他們都會因為無法忍受壓力而紛紛辭職。我所教過的學生中，也有人成為老師，並認真地管教學生，不過當他們看到資歷豐富的老師被學生毆打卻不敢反抗時，也開始對這份工作喪失信心，最後默默地辭掉工作。

不過，真要探討體罰究竟是好還是壞，我自己也認為體罰的確是不好的管教方式。至少所有學校的教育方針中，確實將體罰列為不當管教。但是，怎麼樣的程度才算得上是體罰呢？這又是大家難以界定的問題。

如前文所述，當老師面對毆打自己的學生時，將學生的雙手抓住並且撥開，應該視為體罰嗎？還有，當學生想要飛踢自己時，老師將學生的腳架開並且推開學生，也能算是體罰嗎？

我認為與其對「體罰」這個字眼反應過度，將焦點放在為何老師要體罰，以及學生的言行舉止才更重要。一味地將重點放在「糾舉教職員的體罰行為」，只會讓大眾無法了解真相。雖說如此，還是會有很多人不經思考，就對「體罰」這個字眼反應過度，接著拚命譴責老師的體罰行為。

但是，這樣的輿論只會讓更多老師感到心力交瘁。無法貫徹教育信念的老師、無法以老師的身分指導學生的老師，也會逐漸無法在工作環境中保護自身的安危。

另外，老師也會害怕媒體和網路讓事態進一步惡化，於是生出寧願粉飾太平的心理。到最後，整個教育現場因此產生慣於隱瞞壞事的體系。而這一切就是大眾太容易被媒體煽動所造成的後果。

我認為煽動大眾反應過度的媒體必須為此負起責任，但遺憾的是，許多媒體工作者常忘記自己的使命是用冷靜、多方觀點來提供資訊。

隨著惡搞PO文起舞的社會

有些人喜歡玩弄餐飲店內的商品、裝調味料的容器，並且自拍上傳到社群網站上炫耀。

也有些人會在自己打工的餐廳中，一邊擺弄商品、餐具，一邊用莫名其妙的姿勢自拍，打卡上傳。

還有些人會在打工的地方，整個人窩進洗碗槽或冰箱中，叫朋友拍下來打卡。

甚至也有人會躺進販賣冰棒的冰庫或放置麵包的架子上，再叫朋友拍下來上傳。

「怎樣？我很厲害吧？」
「這樣超好玩的。」
他們藉由這種自拍照向他人炫耀，並且比賽到底誰能獲得更多人按讚。
一般來說，任何人看到這種PO文，都只會覺得成為拍攝地點的餐廳很不衛生。但另一方面，也會有很多人因為覺得好笑，所以在胡鬧之下立即流傳開來。
由於這種自拍發文會害店家蒙受不衛生的印象，進而被其他客人抵制，甚至還有可能因為衛生管理不佳而被勒令停業，因此，這種上傳自拍照已經不是單純的胡鬧而已，可以算是犯罪行為。
這類故意的惡搞PO文不只發生在餐飲店。
例如，擅闖禁止通行的鐵路，並且比出勝利手勢拍下照片，又或是躺在鐵軌上自拍打卡。

甚至還會有人將順手牽羊的贓物拍下，然後再上傳到網路上炫耀。

雖然他們的用意只是因為好玩，及想誇耀自己的膽量，但事實上這樣的行為卻不能輕易原諒。

然而這些年輕的現行犯們，卻依然對自己的犯罪行為毫無自覺。不管做了什麼，都認為：「我總算出名了」、「這下我終於受人注目了」、「我好希望大家能快點回應我的PO文」、「這次我一定會讓全場都笑翻」、「大家都會覺得我很幽默吧」、「每個人都認為我很厲害呢」，這些人喜歡靠著惡搞來博取他人的注意，也想逗大家開心，但只要沒有人對他們的行為做出回應，內心想獲得認同的欲望就無法得到滿足。所以靠著博取和自己一樣想找樂子的人的認同，從互相分享惡搞PO文的行為中，滿足欲望。

雖然網路上多少會有人譴責他們的行為，但這反而會刺激他們，使他們更想得到認同。而且他們的惡搞事蹟在網路和電視媒體的大肆渲染後，更對這種欲望產生推波助瀾的作用。所以，就算他們的行為一點也不有趣，只要新聞、大眾不斷批評他們，就會助長他們想獲得認同的快感。

事實上，面對這些人的惡作劇時，最好的方法就是不強調孰是孰非。換句話說，對此反應過度的大眾、媒體，反而會助長他們。

黑心恐懼症

多虧「黑心企業」一詞廣為流傳，惡質企業成了社會新鮮人、正職工作者、轉職者找工作時的注意要項。不過這個好處背後也有缺點，就是會讓求職者產生過度的不安。只要稍微被主管刁難，該公司在網路上很可能就會被指責為「黑心企業」。

一般來說，那些員工常加班、低薪且工時過長的環境，會讓一個企業的離職率偏高。而在如此惡劣的勞動條件下，濫用員工的勞動力，將之視為用過即丟的工具，就是所謂的黑心企業。

現在的社會新鮮人和年輕員工對「黑心企業」頗為敏感，只要在職場上感受到一點風吹草動，就會懷疑「我待的這間公司會不會是黑心企業」？

那麼，現在的年輕人又基於哪些具體條件來斷定「這是一間黑心企業」呢？根據調查顯示，進公司一至三年的年輕員工所認為的「黑心企業」，有以下六點特徵（《日經Business》二〇一三年四月十五日）：

①薪資偏低（這是62.9％的受訪者所認為的黑心企業特徵）

②離職率高（同上，48.6％）

③無法休假（同上，42.9％）

④濫用員工的勞動力（同上，40%）

⑤公司希望員工耐操，能靠毅力苦撐硬拚（同上，25.7%）

⑥強制員工參與聚餐等應酬活動（同上，22.9%）

「黑心企業」常提出不合理的要求，讓員工陷入不得不加班的窘境，或用極低的薪資要求員工做牛做馬。所以揭穿黑心企業的真面目，避免其他犧牲者受害，是我們應做的事。

但最近有些案例顯示，某些企業並非惡質企業，卻意外被貼上「黑心企業」的標籤。而且他們因為這類謠言，在人事任用、商品販賣方面都產生很大的困擾。在社會上，只要一個企業被認定「那是黑心企業」，不只求職者會敬而遠之，連消費者也會開始抵制該企業的產品。尤其某些企業的工作環境並不如謠言中的累人，員工也沒有被慣老闆當作用過即丟的人力資源，但卻因為網路謠傳著「那是黑心企業」

而蒙受損害。

據說目前的企業會避免在面試時採取高壓的態度，因為這種讓社會新鮮人措手不及的應對方法，對企業來說有相當高的風險。換句話說，企業害怕面試中被壓得喘不過氣的社會新鮮人，將來會對他們貼上「那是黑心企業」的標籤。

《日經Business》經過採訪後，整理出社會新鮮人在面試時，感受到「黑心」面試手法。

①高壓面試

②不發出不錄取通知

③不和面試者進行對話（高壓面試的另一種型態）

④老是提出和工作無關的問題

⑤選擇錄取者時太過謹慎（面試態度非常小心＝不重視眼前的人材）

⑥常常詢問其他公司的面試狀況

⑦立刻發出錄取通知（容易讓人聯想到這間公司急著用人）

其中，以高壓面試最為人所詬病，因此現在的企業常要求面試官不要用高壓的態度質問應徵者。

看到這裡，也許有人會覺得，企業這麼在乎自己面試新人的態度，應該不太算是反應過度吧？

在《日經Business》所做的調查中發現，社會新鮮人中每五人就有一人會「上網分享自己面試時對該企業的不滿之處，並將這類負面心得流傳開來」。

因此，企業盡力不讓社會新鮮人感到不愉快，深怕在網路上被貼上「黑心企業」的標籤，這也許不算是企業本身反應過度，但可以說是社會新鮮人放任自身反應過度所形成的風氣。

不只是社會新鮮人會讓企業提心吊膽，其實年輕的新進員工也常在網路上表達不滿。當他們留下「我們公司就是黑心企業」的心得文後，該企業就會開始受到損害。因此，越來越多企業主管為了解決這類不滿，在年輕員工面前會盡量避免高壓的言行，並且試著和他們談心或傾聽他們的煩惱。

雖然這些過分體貼的態度有點奇怪，但確實是因為社會新鮮人和年輕員工反應過度，讓企業不得不放低姿態盡力安撫他們。

企業用誇張的姿態回應反應過度

面對接踵而來的投訴，企業為求自保，通常無法置之不理。一旦網路上有人將負評傳開，產品銷售量不但會立刻下降，願意前往應徵的人數也會大為減少。

其實，還有一些事情比「黑心企業」的標籤，更能重創企業的商譽和徵才活動。

我們都知道網路上有不少沒根據的謠言。例如推特上常常能看到社會新鮮人分享面試時的不愉快經驗，並以此中傷企業。又或者員工不滿主管和公司的高壓姿態，以爆料的形式發表不利於企業的言論。

這些人除了難以控制自己的情感宣洩以外，其抗壓性也很低，只要一點小挫折就會陷入低潮；心情一旦不愉快，就不能在工作上得到想要的結果；如果無法如願獲得他人的正面回應，就會在網路上用攻擊性的言語來發洩情緒。

所以在網路上的訴苦和批判，往往都是極度主觀並且情緒化的言論。雖然每個人都了解這是一種惡質的現象，但還是有不少人因為負面批評而受到影響，甚至失去冷靜的判斷。即使知道非常有可能是沒有根據的負評，但很多人總是會十分在意其中的內容。畢竟判斷言論的真偽是很麻煩的事情，因此每個人都會基於想要迴避黑心企業，而覺得自己乾脆去其他公司應徵、去其他商店光顧、買其他公司的產品就好。

由於大眾有這種想法，讓企業非常害怕網路上的批評，並且甘願被牽著鼻子走。在二〇一四年九月十三日出版的《周刊現代》裡，有一個名為「『得理不饒人的笨蛋』將毀滅日本」的專欄特輯，我們可參考其中的幾種典型案例。

日本的全家便利商店曾推出「全家高貴餐：黑毛和牛漢堡排便當（附鵝肝醬）」，但鵝肝醬是透過殘忍的餵食過程而產出的食品，因為涉及虐待動物，全家便利商店遭到動物保護團體的抗議，最後只好決定停售該商品。雖然鵝肝醬平時是被大眾認可的食材，不過由於消費者對其製程感到不快，因此企業只能被迫自我約束。

然而，從其他餐廳依舊販賣鵝肝醬的情況來看，全家便利商店的下架動作或許也算是一種反應過度吧？

另外，還有某間廠商原本打算在早春時期舉辦以學生為主的座談會，但是因為下大雪而臨時取消。對此，沒有收到取消通知的學生抱怨著：「我好不容易才抵達現場，結果座談會竟然取消了。主辦單位必須要賠償我交通費。」

主辦單位為了避免這樣的投訴案例，後來都會在座談會的文宣中加上「若因天災及其他因素取消座談，將不補償交通費」等注意事項。但是，這麼做還是會產生其他疑慮。因為可能會有人認為：「既然取消時不提供交通費，那就表示順利舉辦時會提供交通費嗎？」

為了防止這種情形，主辦單位又必須再加註：「本座談如期舉辦時，將不支付參加者交通費。」

畢竟每個人的思考模式都不一樣，因此不管如何想方設法預防投訴事件的發生，都無法排除他人提出超乎常識的意見的可能。

就算做到如此地步，企業還是會設想所有可能被投訴的狀況，並且隨時做好處理投訴的準備。

據說某個寶特瓶廠品曾印有「請勿隨意丟棄寶特瓶」的警語，其實是因為有人抱怨「你們企業應該努力消滅亂丟寶特瓶的現象」而產生的文案。一般來說，企業販賣的寶特瓶產品被消費者買回去，之後該寶特瓶被隨意棄置，就已經是消費者的道德問題，企業沒有必要對此負起責任才對。

另外，為了防範年輕員工抱怨「我們公司真黑心」，二〇一三年四月十五日出版的《日經Business》登出了「做了這些事，你就是『黑心企業』」的特輯。該特輯中，提出了一系列建議，要求企業不該對年輕員工做出以下幾種行為：

✦ 使用高壓的態度對話

✦ 強制要求年輕員工一同喝酒、聚餐
✦ 沒有適度保持距離
✦ 無視年輕員工的存在

此外，該特輯也建議了對待年輕員工的方法：

✦ 早上要打招呼
✦ 每天至少說一次話
✦ 傾聽員工的煩惱
✦ 和員工談論煩惱
✦ 交流時應態度柔和

雖然這些建議等於是要主管給予員工無微不至的照顧，但如果沒做到如此煩人的程度，就可能讓員工感到孤單寂寞受傷害。確實，打招呼時被主管忽視很令人洩氣，哪怕是稍微被注意到也好，員工就會感到窩心。更不用說員工有煩惱時，多少會希望主管能傾聽一下。可是，以前的企業根本沒有如此百般呵護新進員工、要求到如此誇張的地步，也只能說這不過是反應過度所產生的風氣罷了。

此外，該特輯也建議企業不要說出讓年輕員工感到洩氣的話，鼓勵企業試著換句話說，對員工才會有正面的效果。例如：

- ✦沒有挑戰精神↓做事踏實
- ✦沒有決斷能力↓能仔細地多方思考
- ✦太內向↓謹慎的人
- ✦太消極↓性格謙虛
- ✦不起眼↓處事穩重

✦身體虛弱↓心理素質不錯

✦白目、不識相↓出人意料

✦態度高傲↓不卑不亢

✦沒有毅力↓好奇心旺盛

✦剛愎自用↓有主見

✦厚臉皮↓有膽量

✦吊兒郎當↓落落大方

✦遲鈍↓做事認真

✦半吊子↓未來值得期待

✦你到底在做什麼啊↓你怎麼了呢？

雖然這種方法很可笑，但我也很不希望這種屈服於反應過度的建議，被大家奉為圭臬。

例如，主管面對「剛愎自用」的下屬，回以「你真有主見啊」，這位下屬以後還會乖乖地聽取他人的意見嗎？面對「態度高傲」的下屬時，說「你真是不卑不亢啊」，不就會讓他的態度越來越囂張嗎？面對「厚臉皮」的下屬時，說他「好有膽量啊」，有些人聽了或許會覺得這是反唇相譏。還有面對「吊兒郎當」的下屬時，說他「真是落落大方」，這不正是在鼓勵他用吊兒郎當的方式工作嗎？所以，我認為這種建議根本不值得採納。如果真的把這種建議聽進去，那麼企業真的能培育出有擔當的員工嗎？

其實，我並不反對用換句話說的方式鼓勵員工。若是很在乎員工的言行，或者在必須試著讓員工鼓起勇氣的場合中，我比較建議用以下的方式換句話說。

例如員工覺得：「我是優柔寡斷的人，所以我很沒用」時，主管要將優柔寡斷的另一面延伸出去，引導成「個性謹慎」；面對員工認為「自己是輕率、老是出錯的人，所以很討厭自己」時，要將輕率的個性延伸成「動作很快」。

即使每個人性格上的缺點都無法改變，但既然因為對缺點的負面思考讓人感到自我厭惡、缺乏自信、意志動搖，那麼透過引導當然也能轉換為正面思考。

但是，當事人畢竟容易受到煩惱、自我厭惡等負面情緒控制，所以一味地將缺點誇成優點，我認為不見得每次都能讓當事人產生正面的變化。

過度溺愛孩子而失去冷靜的家長

以前常常能聽到小孩放學時在校園玩耍，結果卻不慎受傷的事情。不過在最近，有些家長會因為自己的小孩受傷而投訴老師，認為他們沒有善盡監督的責任。

但小孩們是在自行玩耍時受傷的，在這種情況下，老師不可能隨時在場監督。即使老師正在學校工作，也沒辦法做到四處巡視學生情形的地步。如果老師放學後必須在校園各處巡視學生的活動，那麼準備上課、批改考卷，以及指導有問題的學生和有事相談的學生等等，所有老師分內的工作都會做不了。

小朋友受傷在平時可說是司空見慣。其實，就連我家的小孩也是經常受傷。以前我甚至還接到導師的電話，告知我小孩在校園內受了重傷，已由救護車送往醫院治療，而我聽了也慌張地趕到醫院探視孩子。還有一次是補習班老師來電，告訴我小孩在緊急逃生門玩耍，結果手被大門夾到，當場送醫。

由於小孩通常是在自由時間玩耍時受傷，陪同小孩到醫院的老師為此必須停下手邊的工作；所以我認為，家長不只該向老師道謝，而且也應該對於造成老師的麻煩道歉才對。

既然那些家長責怪老師沒有善盡督導的責任，那麼校方也就只能禁止學生在校園內自由玩耍。除非能全面禁止學生在下課時、放學後逗留於校園中，或將學生關在老師視線可及的教室內，否則沒有別的方法。

至於老師在放學後進行的校務會議、上課的準備工作、批改考卷，還有指導特定學生的工作也該統統放棄，一到放學時間，所有學生都必須一起回家。其實，真的曾有學校為了防範學生在校園內發生事故，因此宣導放學後就立刻離校。

我認為下課及放學後的時間能讓小孩充分地舒展自己的身體，對身心健康的發展是絕對必要的。然而失去冷靜的家長們卻反應過度，阻擾孩子們發展健全的心靈。

此外，孩子被老師訓斥後，情緒往往會陷入低潮，有些家長看到這樣的狀況後，就會投訴老師，還以顏色。確實，家長看到自己的孩子被訓斥，往往會覺得不忍心。但孩子為何被訓斥，自然也會有其中的理由。然而這類家長通常不會詢問孩子哪裡做錯，或詢問孩子有什麼沒有做好的。他們一看到孩子哭喪著臉，就會把問題的原因拋到腦後。這種反應很明顯是錯誤的，那些家長應該要為此向老師表達謝意才是。

其他也有被老師訓斥後，一開始會垂頭喪氣，但後來就會把不愉快的情緒拋到腦後的小孩；也有小孩雖然被老師訓斥，但不會特地把這件事告訴父母；甚至也有小孩會反省自己的錯誤，並阻止父母前往學校和老師理論。

比起安慰因過錯而被老師訓斥的孩子，父母更要適時地要求孩子反省自己的錯誤；而情緒陷入低潮的孩子則要加以鼓勵，不要讓他們整天鬱鬱寡歡。

家長因為溺愛孩子而產生的反應過度，會使老師們漸漸放棄管教學生。一旦這種風氣產生，孩子們就會失去鍛鍊心智的場所，容易讓這個社會增加不少衝動、無法控制自我、處事沒有規律、抗壓性低的孩子。

害怕家長投訴而跟著反應過度的校方

夏天時，幾乎所有學校都會出現中暑的學生。學校為了預防學生們相繼中暑，只要氣溫比常溫還高，通常就會取消戶外運動課程，並向學生宣導隨時注意補充水分。不過，偶爾還是會有一些學生出現若干中暑的症狀。

較冷靜的家長會告訴孩子要補充水分，在家中則會替孩子補充鹽分，不會為了這點小事而投訴學校。如果真的要投訴的話，也就只針對社團的指導老師或學長，對學生下達禁止補給水分的命令，強迫他們長時間在大熱天下運動這類案例而已。

雖然孩子中暑不算是上述的特別案例，但某些家長還是會因此對學校興師問罪。而校方往往為了讓步，定出不合理的規範，使戶外社團的活動方式大受限制。結果，只是一個學生稍微中暑，就能讓沒有任何問題的一般社團及數百名學生的行動受到限制。

我認為校方這樣做，已經是一種反應過度。因為他們太害怕家長的投訴，導致自己在決策上變得相當地敏感。

由於現在的小孩不同以往，大多習慣在電玩、網路等虛擬空間中遊玩，因此給予適當的自然體驗是很重要的。讓孩子試著種田、挖地瓜等等，也是許多學校經常舉行的自然體驗教育。但即使如此，家長們還是會對戶外活動產生過度反應，而校方為了釋出善意，也會跟著用反應過度的心態讓步。

其實，我認為下田工作是很寶貴的經驗，因為這能讓學生了解到我們是透過農夫的努力，才能每天都有米飯吃。

然而，部分家長卻不喜歡自家小孩接觸到泥水，他們除了提議取消這類活動之外，也害怕這種動用到足部、腰部的粗活會苦了孩子，所以乾脆用投訴消滅這類活動。其實學校大可不用理會這種充滿軟弱思維的意見，但現在的學校只要一被威脅：「我要到教育委員會告你們，」就會怕到直接放棄讓學生體驗下田工作的寶貴課程。

還有，我認為挖地瓜比下田更能讓孩子體會到農家工作的樂趣。因為這個活動除了能汲取寶貴的自然經驗，還能將地瓜帶回家加菜。當孩子對家人自傲地說：「這是我挖到的地瓜喔。」孩子能在其中體會到一種充實感。

但遺憾的是，挖地瓜的活動還是會被部分家長投訴。例如，孩子們挖到的地瓜大小不一，所以這個活動有不公平的疑慮。但我認為，如果家長覺得自家小孩挖出的地瓜太小，可以對孩子說：「沒挖到大塊的地瓜好可惜，下次我教你挖大地瓜的訣竅，」而不是一覺得不公平就跑到學校和老師理論。

現在的幼兒園和學校，都會過度認真地看待投訴。所以為了避免活動不公平的疑慮，老師必須事先和農夫溝通好，請農夫到田裡把較小塊的地瓜先拔除，最後盡量把大小均一的地瓜挖出來，分配到各處。

這些家長以自我為中心所提出的不合理投訴，以及百般配合的學校，完全是反應過度的來源。如果學校老是配合少數家長沒有常識的投訴，那麼往後就會不斷出現；這種風氣對較有常識的多數學生來說，只會讓他們的權益受到損害。

別當「得理不饒人的笨蛋」

前面提過，《周刊現代》中，有一個名為「『得理不饒人的笨蛋』將毀滅日本」的特輯。內容在說企業常會因為難以預料的投訴，進而影響整個經營決策。由於那些投訴都是基於「正確的道理」，因此企業會為了事先準備好面對投訴的處理方法，變得凡事都必須「預想出正確的道理」。也因為這樣的風氣開始蔓延，所以越來越多人以為掌握住「正確的道理」，就能讓大企業對自己俯首稱臣。而這樣的錯覺，讓網路上想揪出大企業小辮子的人如雨後春筍般地增加。

但正如前面所介紹的案例，我想反問：那些自以為正當的投訴，真的能算是正確的道理嗎？尤其是該特輯所舉的投訴案例，實在讓人難以認同其正確性。

試問，因便當使用鵝肝醬就譴責企業涉及虐待動物的投訴，在正確性上真的站得住腳嗎？

而且將鵝肝醬運用在料理上的餐廳何其多，為何只針對便利商店的便當？再說，提到用殘忍的手法對待動物，那麼雞、豬、牛等其他供給人類食用的家禽家畜就不可憐嗎？此外，還有生吃活跳蝦、活魚料理等等，這些料理的食用方式都是要在動物還活著時吃下肚，更不用提活章魚料理是要在章魚不斷蠕動掙扎時，再用刀子一邊切一邊享用。就觀感上來說，這些料理遠比鵝肝醬還要殘忍。雖然現在我們對食物檢討到這個地步，但畢竟人類從以前就愛用冠冕堂皇的理由，隨意操弄各種動物的生殺大權。

我以前曾在環境教育研究領域，針對人類的環境道德觀做各種檢討。而我也了解，要是我們否定了人類至上的人類中心主義，轉而重視動物至上、植物至上、森林與大地至上的觀念，那麼人類就不會有現在的生活。雖然我們必須考量到在不損害自然環境的前提下，讓人類社會獲得進步，但我們也無法全靠著講道理來否定一部分人類社會的殘忍現實。

還有，企業座談因大雪而被迫取消的案例中，有參加者向主辦單位求償交通費，但我認為那也實在稱不上是合情合理，因為主辦單位無法掌控大雪是否會中斷交通，所以主辦單位既不需要負擔任何責任，參加者也沒有權利向主辦單位求償。雖然有些人看到座談的文宣寫著「因天災及其他因素取消時，將不補償交通費」時會想說：「既然取消時不提供交通費，那就表示舉辦時會提供交通費吧？」但我只想說，這根本只是賣弄文字遊戲罷了。

在寶特瓶的案例中，有人要求「企業要用心消滅亂丟寶特瓶的風氣」，迫使企業在寶特瓶印上「請勿隨意丟棄」的警語。但這一連串的發展，我認為也不能視為正確的道理。基本上，亂丟寶特瓶是消費者個人的道德問題，販賣寶特瓶的企業沒有義務教育消費者的道德觀。想要矯正亂丟垃圾的風氣，應該要從家庭教育和學校教育著手，其次才靠主流媒體的宣導。

接著要說的就是本章開頭的「日本學童作業簿」案例。我認為，因為自己討厭昆蟲，而要求企業取消昆蟲照片的投訴，在道理上很難說是正確的。畢竟這個世界上也有喜歡昆蟲的孩子，以及不喜歡也不討厭昆蟲的孩子，光用個人的觀感來決定整個世界的價值觀，只能說這種人太以自我為中心了。

雖然這個案例中，因為討厭昆蟲而提出投訴的家長、老師取得了主導權，但我想反問的是：讓孩子了解自然的奧妙，使其熟悉自然環境，如同以前的孩子一樣能親近蝴蝶、獨角仙，不正是家長和老師應盡的責任嗎？我認為從這點來看，附有昆蟲照片的作業簿，在環境教育上略盡了一點重責大任。

第二章
Chapter 2

反應過度的人們

對於責罵，容易反應過度的人不但無法左耳進右耳出，
還會做出誇張的應對。這種情況也分為兩類：
第一種人會產生出強烈自我否定的情緒……
第二種則是展現出強烈的攻擊性，
不管自己出了什麼差錯，都想要反過來責怪他人。

遇到一點小事就自亂陣腳的人

電車的乘務員和站務員遭到暴力攻擊、惡言相向，是近年來嚴重的社會問題。其實，在電車上親眼目睹乘客對乘務員、站務員發脾氣，並不是什麼稀罕的事情。

當電車因颱風而停駛時，常會有乘客對站務員咆哮：「你們是怎麼樣！電車到底什麼時候才能恢復通車！」

但電車並不是因鐵路公司的心情而停駛，迫使電車停駛的原因大多是自然現象所導致的突發狀況。即使你想知道何時能恢復通車，也不可能向颱風詢問意見，因此站務員也無法精確地回答這個問題。

此外，電車也常常因為臥軌事件而停駛。在這種情況下，我們通常也能看到車廂內的某些人氣急敗壞的說：「還要等多久！我有急事要辦耶！」

有急事時遇到電車停駛的確會讓人著急，假如你現在正要拜訪重要客戶，一想到這次的遲到會讓整個生意出差錯，坐立難安的焦慮情緒當然會一湧而出。但是，為此在車廂上引起騷動也無濟於事。

更何況，臥軌自殺事件算不上是鐵路公司的責任，大家都知道因此而責怪站務員不是明理的行為。所以，每當看到有人為此發脾氣，大家也只會冷漠地注視他。不過，發脾氣的當事人往往會因為怒吼而加強了興奮的情緒，所以會越吼越激動。

還有，電車故障和高壓電意外也一樣會造成電車停駛。雖然這確實是鐵路公司的責任，不過我認為，因此責怪站務員還是一樣不太對。其實，我很敬佩站務員被蠻不講理的對待時，還能忍下自己的脾氣並繼續工作。因為這時通常會有人質問：「從剛才開始就一直要大家等，但到現在都還沒通車！拜託你們講清楚何時通車好嗎？」我想說的是，站務員並不是負責處理事故現場的施工人員，所以就算問站務員這些問題，站務員也沒辦法評估現場的狀況而精確回覆。其實，這個道理只要冷靜想一下就能懂，但那些容易激動的人卻寧願自亂陣腳、引發騷動。

如果我是站務員的話，我想自己會無法思考那些人的問題，因為他們太過以自我為中心了。

對他人的失態大聲斥責的人

如果你和一些年輕員工聊過天，就知道他們很不喜歡主管大聲斥責他人的過錯。尤其是那些在工作上不甚精明、老是出差錯的主管。這類主管在發現下屬犯錯時，如果還很愛情緒化地加以責罵，那就更讓人感到厭惡了。雖然大家都認為這種將挑錯當成大功一件的主管是既自卑又可憐的人，但一遇上還是會讓人恨得牙癢癢的。

只要你和年輕員工聊上幾句，就能聽到他們對這類人的感想。而且誇張地斥責下屬，只會將反省思過的情緒一掃而空，基本上容易造成反效果。

其實，走在街上時，多少也能遇到這種會大聲斥責他人過錯的人。例如百貨公司的美食廣場、超商中，當店員弄錯幫客人微波的順序時，這種人會因此大聲咆哮。聽到咆哮的店員不只一時之間反應不過來，其他被嚇到的客人也會讓出排隊順序，然而這依然阻止不了他們怒氣沖沖地持續責罵。

的確，店員弄錯排隊順序是有所疏失，但許多人見到這種狀況都會覺得沒必要為此大發脾氣。雖然這種順序出錯的事發生在自己身上會讓人有點生氣，但通常也能理解這是店員的無心之過，更何況任誰都會忙中有錯。如果店員沒有發現，你只需要告訴自己：「算了，這也沒辦法。」然後再花一到兩分鐘的時間，等下一個順位就夠了。

如果你覺得這樣的處理方式太過消極，那麼你也可以用冷靜的口吻提醒店員：「不好意思，其實我比那位客人先到。」

但對於喜歡指責他人過錯的人來說，保持寬容與冷靜並不合他們的胃口。

這種人對店員的處理方式感到不滿時，有時候會說：

「你這是什麼態度！叫你們店長出來！」

「你真沒禮貌！給我叫負責人出來！」

在現實生活裡，我們難免會遇到態度惡劣、丟三落四的店員，但即使特別針對他們向上反映，也沒辦法立刻改變現況，和他們一般見識反而更引人側目。不過，就算深知這個道理，這類喜歡指責他人的人也一樣按捺不住想發脾氣的衝動。如果這種人只是抱怨一句也就罷了，但他們往往還會接二連三地不斷斥責下去。

面對這種人，很多店員也許都這麼想：

「你以為依你的消費力對我們的營業額是有多大的貢獻？不爽就不要來啊」、「雖然聽你亂發脾氣讓人很受不了，不過既然你都發洩完了，那我是不是也該收一下被發洩的費用？」

然而店員還是要拚命忍住說出這些話的衝動，並且小心翼翼地與那種人應答。每當我看到身陷這種狀況的店員，除了同情他們之外，也覺得日本人工作時即便壓抑情緒也要謹守本分的態度真了不起。

稍感不愉快就大吵大鬧的人

在職場上，我們難免會受到主管不講理的責罵，又或是遇到前輩、同儕說自己的壞話，甚至是被他人不禮貌地對待。這時，每個人多少會希望有知心好友能聆聽自己內心的委屈。的確，若不把委屈一吐為快，會對心理產生不健康的影響，所以將心中難過的事說出來，是一種很重要的宣洩方式。

但是，有些人卻經常把心中的委屈說出來給所有人聽。

每當你遇到這種人時，通常會聽到：「我們主管竟然說過那樣的話，讓人不敢相信對吧！」

有時還會出現較為情緒化的牢騷：「就算是職場上的前輩，那樣做也太過分了吧？」

然後便開始忿忿不平地複述前輩說過的話，以及其他不合理的要求。

這種人不只會說職場上的事，也會說一些私事，例如自己的戀人、配偶做出讓他們生氣的事，或者讓他們感到火大的婆媳問題，又或是某某人讓他們覺得礙眼等。此時，他們通常會把自己的朋友、家人全都指名道姓的說上一輪。雖然有些事真的令人光火，不過絕大多數並沒有嚴重到必須說出來指指點點的地步。

當這種人和別人交談時，總是會重複相同的話題。就算你們彼此是熟人，你也會覺得這類話題讓人生厭。如果是很親近的親朋好友，大概會忍不住對這種人說教：「為何你老是這麼情緒化？你應該要想開一點才對」、「每個人的想法都不太一樣，大家都有自己的感受，你不能總是期待別人所想的和你相同」。

如果不是適合直接講這些話的朋友，大概就只會口頭附和：「是喔，有點不敢相信耶」、「怎麼這樣啊？太過分了」；但內心往往會很想要回嘴：「為什麼你情緒這麼不穩定，總是大起大落的」、「你不覺得自己的處事態度很極端嗎？像我就覺得你很情緒化」。

那種常抱怨他人的人，只要遇到一點不愉快，就會當成大新聞講出來，完全無法自行消解內心的憤怒和不滿。因為他們非得要別人和自己一同取暖、取得共識、互相安慰，才能讓心情平復下來。結果到頭來，這種人始終都學不會如何控制情緒。

容易覺得他人討厭自己的人

「完了，我被他討厭了。」

「怎麼辦？他好像生氣了。」

詢問這個人遇到什麼困難時，才知道原來是昨天約會後，本來想和對方定好下一次的約會時間，但沒想到對方下禮拜、下下禮拜的周末都得出差，要等對方確定有空才會打電話再約。

但當你安慰她說對方也許真的很忙，沒必要因此感到坐立難安後，她卻說：「才不是你說的這樣，他一定是不想和我約會。我猜我做了什麼事讓他覺得不高興吧？」說完後便逕自哭泣，現場頓時尷尬了起來。直到與對方敲定下次約會的時間後，才終於破涕為笑。

這種人只要發現事情的結果不如預期，就會有誇張的反應。社會上其實常能看到這樣的人。

例如，有人說「我認為主管很討厭我，因為他會根據自己的好惡來決定下屬的工作內容」。當你詢問他為什麼後，才發現他沒有把必須完成的企畫書準時交出。至於主管討厭他的根據，就是主管常常會把寫企畫書的工作交給他。然而該主管並不是從以前就討厭這個人，而且在企畫書被打回票時，主管也會經過考慮後才說：「抱歉，請你重擬一份。」換句話說，主管的言行並無惡意，而且表達的方式也不容易造成誤會。

這個情況倒不如說是當事人一廂情願地認為自己的企畫書能過關。如果當事人重新檢討企畫書的重點，就會了解為何產生這種結果，絕非是主管的好惡問題。

但是，這種人卻喜歡用負面思考解釋整個事情的發展。

「我不能接受單憑個人好惡來評斷下屬做得好還是不好。」事後，他們甚至會用「個人好惡」這樣的理由來抱怨，也會向身邊的人說主管的壞話。如果再衝動一點，還會上網抱怨主管的工作態度。

像這樣的人，只要事情和心中預設的結果不同，就會立刻覺得「他好過分」。但是，這不過是當事人一廂情願地對事情的發展有所期待，結果卻不如己意罷了。由於他們不會在此時設身處地的思考對方的立場，所以一旦發現事與願違，就會情緒化地說：「他怎麼可以這樣對我，太過分了！」

然而從客觀的角度來看，對方的表達方式並無不妥。所以，這種容易對小事產生情緒化反應的人，也可以歸類為容易反應過度的人。

人多時喜歡誇張地自嘲的人

有一種人容易產出極大的性格落差。

當他們身處在人很多的場合中，情緒會變得特別亢奮，不但愛和別人嬉鬧，喜歡用自嘲的方式講話，也會用開玩笑的語氣說一些八卦，總是會讓身邊的人笑容滿面。

「你的情緒總是很高昂呢。」雖然朋友們會感到有些招架不住，但也會覺得這種人很有趣。

而大家也相信他的個性就是這麼樂天。

但在私底下，你可能會看到這種人獨自在發呆，不像平時那麼活潑，態度也異常地淡漠。而且他身上所散發的沉重氛圍，甚至會讓人差點認不出是他本人。其實，這樣的人多少會出現在我們的生活周遭。

當你和他們交談後，會發現這種人對自己的情緒落差也頗有自覺。

「不知為何，只要我身邊有朋友和同事，我的情緒就會變得很高昂，老是想逗大家開心。但一回家後，我又會後悔，覺得自己根本不是那麼開朗的人。而且我很討厭自己老是在眾人面前耍寶，這樣大家根本無法認識真正的我。」

這種人有時會默默地思考著自己的言行。

「每次和大家聚會、喝酒時，我總是主動擔任帶動氣氛的人，故意耍寶逗大家發笑。我知道這會讓大家覺得我是個直線思考的傢伙，而且我也討厭這樣的自己；但每次聚會，我都會不知不覺地這麼做。所以只要一回到家，我就會很消沉。」

其實，這些人無論多麼開朗，也不可能總是無憂無慮，而且煩惱和不安也會比平常人更嚴重。他們特別在乎自己的未來發展和人際關係，也會想和別人傾訴這些煩惱。麻煩的是，他們只要置身人多的場合，就會不自覺地開起玩笑，很難認真地表達自我。即使你想和這樣的人深入交談，他們還是會用玩笑般的口吻說話。所以，身邊的人們通常會覺得他們沒有煩惱，因此忽略他們內心的苦痛。

在這種人的思維中，會認為自己非逗大家開心不可，所以一遇到人多的場合，就會引發刻意自嘲的過度反應。反之，如果他們身邊沒有人，他們就會缺乏安全感，進而產生出自責的心理。

遇到一點失敗就意志消沉的人

有些人在遇到失敗後會一笑置之，但也有人遇到失敗後就像是陷入無底深淵般。事實上，某些挫折並不會讓人生潰敗，再說，每個人多少都會遭逢失敗。面對他人的失敗，旁人大多會如此安慰：「下次小心就好，這次就當作學個教訓，不要因此心情低落啦。」但是某些人卻無法輕鬆地看待失敗。換句話說，有一種人在面對失敗時，往往會有過度誇張的觀點。

這種過度在乎失敗的人，大致上分成兩種。

一種是希望大家鼓勵他、關懷他。當這種人陷入低潮，就會希望他人說很多安慰的話語來伺候他；但其實就算用盡心思去安慰，這種人還是無法從挫折中重新站起來。

「沒關係啦，振作一點嘛。」

「你不要再消沉下去了，下次再努力就好了。」

「每個人都會可能失敗啊，像我自己也常常這樣。」

「大家不是常講什麼『失敗為成功之母』嗎？就當成吸收經驗吧。」

大家通常會這麼安慰，但這種人卻依然用以下的話來回應他人：

「為什麼我這麼做就是不行呢？」

「會出現這種失敗，我看我的人生完蛋了。」

「我該怎樣才能挽救失敗的局面呢？」

「我果然很沒用吧……」

他們會持續地陷入低潮，而且因為完全聽不進他人的安慰，所以大家也只好放任他們自怨自艾。

另一種人則是相反，當他人安慰自己時，反而會開始辯駁。例如想安慰他們：「這不是什麼很大的失敗嘛。」

他們卻會回道：「不要因為這是別人的事就隨便亂下評論！」

如果安慰他們：「下次別再犯相同的錯就好了。」

結果他們反而會回應：「事情才沒你想像的這麼簡單！」

他們會將旁人出於善意的安慰曲解為惡意找碴。

有時旁人為了讓他們的心情好一點，安慰他們：「每個人都有失敗的時候，別在意啦。」他們卻會生氣地說：「我才不想被你這種人安慰。」一直接糟蹋旁人的心意。

不管是哪一種類型，他們只要一遇到失敗，就會進入不肯面對事實的狀態，除了放任自己反應過度，讓自己感到痛苦，也讓身邊的人疲於應付。

被斥責時會陷入極度低潮或情緒失控的人

在現代，想要責罵別人也不是容易的事。不管你是老師或是主管，或者是面對親朋好友，大家都會小心自己的言行，不要隨意罵人。由於現代的教育方式是避免用責罵來進行管教，所以有很多成年人缺乏被人責罵的經驗。也因為這樣，很多人在被罵時常會引發過度反應。

在我們還小時，很習慣被老師、雙親訓斥，所以工作後被主管責罵時的抗壓力自然很高，不容易在小地方鑽牛角尖，而是應付過去就算了。

何況要是我們又犯了相同的錯誤，還會再被罵一次，所以我們在被人訓斥時，會盡力記取失敗的教訓。此時，我們通常習慣換一種說法來勉勵自己，例如當老師、主管兇惡地責怪我們：「你連這種事都做不好」時，我們會解讀為「只要能把事情做好，我就能夠獨當一面了」、「不把這個做好，我就沒辦法從中獲得成長」。

如果被罵「你怎麼交出這樣的東西來！」我們會解讀為：「我好像想得有點太天真了」、「要是不仔細思考的話可是沒辦法過關的啊」。

還有，我們不只會用另一種角度解讀責罵的內容，還會將內容朝對自己有利的方向解釋。

例如被他人抨擊：「你連這個都不知道嗎？」、「你在做什麼？你是笨蛋嗎！」我們會解讀成：「既然他這麼生氣，那就表示他對我有所期待吧？」靠著這樣的想法，試著把憤怒的情緒趕走。

有些人在工作成果不佳而被責罵後，既不會陷入低潮、也不會發飆失控，他們很可能都是用這種方式控制情緒的吧？也多虧了這種方法，在面對不講理的責罵時表面上敷衍過去，不但能維持雙方的關係，還能在值得記取的教訓中學習成長。

只是，容易反應過度的人不會用這種方式應對。對於責罵，他們不但無法聽聽就算了，還會做出誇張的應對。

在這種狀況下會引發反應過度的人也分為兩類：

第一種人會產生出強烈的自我否定，越是被罵就越會刺激出這樣的思維。這類型人會陷入低潮，覺得「自己很沒用」，工作的動力也會開始下降，讓自己變得什麼事都做不來。

第二種則是展現出強烈的攻擊性，不管自己出了什麼差錯，都想要反過來責怪他人。這種人一被訓斥就會立刻加以反彈，甚至還會情緒失控。只要他們被要求注意別犯錯，就會立刻表達反對意見，並且盡全力否定對方的人格。即使這類人可以在當下壓抑自己的攻擊性，但還是會將遷怒的言詞說給旁人聽。除了一再地說壞話之外，甚至還會上網將這些壞話廣為流傳。

由於這種反應過度在現代並不少見，所以大家責罵他人時才會猶豫再三。

容易把別人當仇人的人

在我們的周遭，某些人會輕易地說出：「我才不會原諒你。」跟這種人打交道時，我們很容易就能聽見他們說出這樣的話。

例如在商店買東西時，這種人會說：「什麼嘛！那個店員真沒禮貌，我不想原諒他！」不但無法消解自己的憤怒，而且還會一直抱怨。

當然，有時我們真的會無法容忍沒禮貌的店員，可能心裡會想：「還是忍不下來啊，」然後回頭向店家抗議。

的確有些店員的工作態度會讓人厭惡，但店員畢竟不全都是模範青年，其中有些人在外身兼多職，無暇在每個工作細節都顧慮到禮儀，又或者是本身欠缺常識，才會顯得口無遮攔。當我們遇到這類沒禮貌的店員時，心裡多少會淡淡地抱怨：「講話真沒禮貌」、「居然有你這樣的店員」，但是容易反應過度的人，往往不會如此冷靜。

還有被無法體恤下屬的主管刻薄地責罵後，反應過度的人會先嘀咕：「我可是努力幫了很多忙，還這樣罵我，未免也太沒有神經了，絕對不原諒他。」到了休息時間，還會一直向其他也曾被主管罵過的同事抱怨。

不體貼他人的主管容易口不擇言，並且無視下屬的努力，而被罵的當事人也確實會不高興。但容易反應過度的人即使知道主管不體貼，還是會壓抑不住怒氣，無法控制自己的脫序行為。

其他還有當臉皮較厚的同事對這種人提出要求時，他們不但會抱怨：「未免也太厚臉皮了吧？居然提出這種要求，他的態度實在讓我很光火。」而且不向他人逐一抱怨對方的行為決不罷休。

雖然厚臉皮的確讓人反感，但當遇到這種情形時，我們通常會在心中告訴自己：「他就是這樣的人。」又或是：「既然他是這種性格的人，那就跟他保持距離好了。」

如果對方得寸進尺，我們還可以試著找其他理由拒絕，大可不必對此動怒。至於容易反應過度的人，即使常常因為厚臉皮的要求而生氣，卻依然無法學會釋懷。

雖然大家都會疲於應付厚臉皮的人，但光是生氣，也只會讓旁人跟著感到精神疲乏而已。

容易被他人言論影響心情的人

我們在聽別人說話時，多少會將一些內容過濾掉。假設我們聽到同事一直說「這樣很過分對吧」，那麼正常情況下，我們會盡量不記住這些內容。如果是比較冷靜的人，就會回答：「這樣唷。」不會想要反過來教訓對方，也不會被牽動情緒。此外，冷靜的人不會做出火上加油的事，讓說話的那一方情緒變得更激動。甚至當對方說出「我才不原諒某某人」時，還會試著引導他的情緒，使對方冷靜下來。

「說不定人家沒有什麼惡意啊？」如果對方聽了這句話還繼續抱怨的話，冷靜的人還會盡量先平復對方的心情，例如說：「我不確定他的意思是不是這樣，你先別想得這麼嚴重比較好唷。」

不過換做是容易反應過度的人，在聽別人抱怨時，就會在還沒了解具體狀況時，跟著附和：「真的很過分耶。」他們不只不知道同事的問題出在哪裡，而且也說不出自己有什麼理由跟著說「很過分」。就連自己為什麼會跟著附和也毫無頭緒。但他們依然不管自己是否有批判的立場，不但附和對方，還會跟著對方的情緒做出過度反應，讓彼此的怒意火上加油。

所以當我們在容易反應過度的人身邊時，常會覺得像是有什麼大事要發生一樣，因為他們總是會對小事斤斤計較。

容易反應過度的人不只無法聽取他人的建議冷靜，而且也不喜歡接受建言。尤其他們在行事冷靜的朋友身旁時，總是會對任何事都感到不滿。因為他們本來就做好要發作的準備，因此當別人好言相勸時，彷彿自己被潑了一桶冷水，在這之後，他們甚至會否定個性冷靜的朋友，並告訴其他人：「這個人很冷漠耶。」換句話說，這一型的人只會發牢騷，只希望親朋好友和自己一起抱怨他人。如果朋友不理睬自己，甚至表達出冷靜的態度，他們還會對此感到不悅。總之，是相當地囉唆的人。

用自以為是的正義感評判他人的人

正義感是一種很重要的觀念，然而有些人卻習慣發揮過剩的正義感。

看到這裡，也許有讀者會認為：「怎麼能說正義感過剩呢？正義感明明有益於社會。」確實，正義感是人類必須的道德觀，但我想強調的是，某些事情有必要以正義之名而大吵大鬧嗎？還有，某些人認為的正義，真的是正確的嗎？那會不會只是個人的偏見而已呢？

例如，走路還搖搖晃晃的小孩在公園的沙地、溜滑梯玩耍時，由於難以躲閃球類，一般我們會禁止在附近玩球。設想幼童在沙地、溜滑梯玩耍的情況，就明白如此措施確實很有必要。畢竟我們不知道是否會有足球、棒球突然擊中幼童。

但因為現代環境不如以前，當年的小孩有能隨處玩耍的空間，然而現代的許多空地都成了停車場。所以要是沒有玩球的地方，都市小孩反而會更頭痛。因此，很多小學生會在沒有幼童的黃昏時到公園內玩足球。然而，住附近的老爺爺在看到小學生玩球時，會大聲教訓他們，小孩們也就只能乖乖道歉。

由於傍晚時段並沒有任何幼童在那理玩耍，所以我認為，既然這個時段沒有幼童，沒必要遵守規定到毫無彈性的地步，長輩們執行此規定時應該稍微有點空間。

這個因為嚴守規定而過度發揮正義感的案例雖然不很嚴重，但有些人會為了遵守自以為是的正義感而將小事化為大事。

據說，某間學校因為暑假時不用上課，在校生也大多在戶外活動，因此當部分教職員在暑假工作時吹冷氣，被附近居民投訴他們隨便浪費電。

雖然暑假時的校園人數比學期中要少很多，所以讓少數老師吹冷氣確實有點浪費，但外界因為少數老師吹冷氣就對校方提出限電的投訴，未免也太不合理。畢竟暑假時的人力較少，老師們不但要在炎熱的夏天裡工作，也必須將應做的事情完成。但奇怪的是，學校附近的居民還是會認為自己有權利禁止老師吹冷氣。

這種行為不正是舉著正義的大旗恣意妄為嗎？我認為從各方面來看，這都屬於反應過度。

還有，在第一章中提到東京天然氣公司的廣告被迫停播，由於一部分觀眾的反應過度，使企業基於顧客第一的理念而採取誇張的應對方式。

確實，對求職者而言，看到廣告主角因就職不順而陷入低潮，很容易讓人感到現實的殘酷，因為這則廣告而讓求職者的內心受傷。為了解決廣告引起的投訴風波，企業很主動地停播了該廣告。但我想反問，這種處置真的妥當嗎？

某些難以找到工作的求職者，看到廣告主角和自己一樣苦於就職、飽嘗辛酸，所以在檢視過現實生活的自己後，心中更感低落，這種負面的觀感或許真的是事實；但也有很多人因為看到廣告主角和自己一樣煩惱，而發現不是只有自己遇到這樣的難關，因此重新鼓起勇氣再次挑戰。也有求職者因為看到廣告中的母親給主角溫馨的安慰，而想起擔心自己的家人，進而跳脫找不到工作的低潮。

此外，這則廣告不但能讓沒機會了解求職辛苦的人意識到其中的苦處，還能向無法理解這個問題的家庭宣導求職者的為難。

不過，也有一些求職者不像廣告中的主角般有家人鼓勵，所以看了反而備感辛酸，但即便如此，也還不至於嚴重到必須停播的地步。

如果對這種停播廣告的投訴妥協，那麼以後就會形成什麼都不能在電視上播映的現象。例如，只要是描寫家庭溫馨的廣告，就會有傷害到沒有家庭溫暖的人的疑慮；而描寫戀人情感的廣告則會傷害到單身者；描寫考試的廣告會讓討厭考試的人感到不快。

再說，只因廣告就想起自身挫折的人，這樣的過度感性會讓他們難以生存在這嚴苛的社會，因為他們不敢正視困難，沒有勇氣跨過關卡，他們有的只是討厭廣告的玻璃心。

因此，針對這則廣告的投訴大多是從偏頗的觀點中產生，也是自以為正義的作法。

只要想法不被認同就會產生攻擊欲望的人

「我明明是出於好意，但為什麼他的回應就像是在踐踏我的好意呢？」

這種言論可說是跟蹤狂常掛在嘴上的理由。確實，善意與幫助在被否定時，每個人都會感到不高興。但對他人過度體貼，還是會造成對方的困擾。

雖然出於善意的貼心舉動是一件好事，但有時反而會讓當事人感到麻煩。

例如，有一對好朋友或情人，其中有一人想要和對方一同聽演唱會而買了門票，但在和對方約時間時，得到的回應卻是：「對不起，我那天有點事情。」

聽到這句話，很多人會回答：「啊，原來你還有別的行程，那就沒辦法了。」

但也有一些人無法接受被拒絕，反而會說：「我特地排隊買票要和你一起去的耶，早知道我就不要花時間了」、「我本來很期待和你一起去，你怎麼能糟蹋我的心意」等等。

雖然他們不會直接表達他們的不滿，但因為內心不滿而醞釀出憤怒的情緒，所以現場的氣氛通常會變得很尷尬。

但話又說回來，畢竟是自己沒確認好對方的時間規畫，卻依然單方面地決定了約會行程，從先斬後奏這點看來，其實他們並沒有立場抱怨對方沒時間作陪。然而，這個道理在他們眼裡卻是行不通的，因為他們只在乎自己出於善意的舉動被對方拒絕，還害得自己很生氣。不過，即便是出於善意，老是一廂情願地去實行，到頭來只會讓朋友、情人疲於應付。

最麻煩的就是，當他們把這種相處方式也應用在非親朋好友或非熟人身上，又或者不是關係特別友好的人，卻還十分熱絡地打交道。由於這種人會單方面的釋出善意，並且想讓彼此的關係變得親密，所以會不斷地獻殷勤。

例如在情人節時，這一型的人會絞盡腦汁的送人禮物，但收到禮物的一方只會注意到彼此並不是熟人，眼前的這個人卻熱絡地送禮，反而讓人感到莫名其妙，而且在收禮的當下也會變得不好意思講明尷尬之處，所以到後來任何事情都很難推辭。可能還會因此演變成突然被約去其他地方玩，或是一起吃飯等。雖然可以用時間上不方便為由拒絕，不過這種人通常不會察覺到被約的一方不想和他為伍。

即使被再三拒絕，或暗示兩人之間沒有緣分，這種人照樣不在乎對方的想法，只會毫不放棄地一再邀約。此時，如果被騷擾的那一方斷然回應，並說出兩人不適合在一起，這種人馬上就會表示：「我都對你這麼好了，你居然對我這麼殘忍」、「你太過分了，我的心意都被你糟蹋了」，接著憤怒的情緒會開始爆發。通常這種人會認為對方雖然接受了自己的善意，但卻沒有付出相對的回報。即便如此，他們依然不會考量對方的立場與心情，只會因為無法如願以償而發怒。換句話說，他們完全只在乎自己。

他們只要發現事與願違，就會立刻翻臉。前一刻雖然還在示好，但下一刻態度就會一百八十度大轉變。不但會當面說出讓人不快的話，也會無視他人的意見，甚至還會向周遭的人們訴說對方的壞話，或採取攻擊性的行為。

原本他們對人相當有禮，也釋出善意，到最後言行卻變得具攻擊性。而這種讓人無法預料的個性，也算是一種反應過度。

只要被惹惱就會處處和對方作對的人

這個世界上有許多事情無法盡如人意。但有一種人只要發現事與願違，就會按捺不住脾氣，其中以喜歡四處投訴的人為這種人物中的典型。

尤其是負責業務窗口的雇員，常常會因為這種人而感到頭痛。

在午休時段，銀行窗口的業務往往會變得特別地多。由於不少人只能利用午休時前往銀行辦事，所以每個人都必須排好一陣子的隊伍。此時，每個人都會覺得焦躁不安，心裡會想著午休時間就要在排隊中結束了。某些人順路過來銀行辦事，偏偏接下來還必須和別人見面，要是一直排隊下去，恐怕就會來不及赴約。光是想到這裡，就會讓人心急如焚。雖然很無奈，但這是每個人都必須面對的情況，而且排隊也不是完全輪不到自己，現場的銀行行員也沒有偷懶摸魚。但是，依舊會有人因此忍不住動怒，衝到銀行行員的面前抗議：「我現在很急！到底要讓我等到什麼時候！」

當行員回答「不好意思，請您再稍待片刻」後，這種人通常會得寸進尺，繼續怒吼：「你們為什麼讓我等這麼久，既然是午休時間，你們就該加派人手才對啊！虧你們還是領薪水的人，怎麼這麼不會設身處地！」

就算對他們說了「真的很抱歉」，這種人的氣燄通常不會轉弱，反而會用更具攻擊性的語調說出：「道歉有什麼用！你現在要想辦法解決問題才對啊！做事這麼沒效率！還不快叫你們經理出來！」

但其他客人一定也有自己的急事要辦，這種人在現場突如其來的客訴，明顯妨礙到其他排隊的客人，完全就是一種反應過度。雖然這並不是銀行的錯，但他們只要一想到投訴會影響到商譽，處理起來也就會特別小心。

此外，醫院也有很多人會因為長時間候診而抗議。

還有醫生的態度不佳、醫生說明的方式不夠親切，也會成為不少投訴者對窗口大聲怒吼的原因。

但即便如此，這種人的憤怒情緒也無法平復，還會趁著這股勢頭，上網針對醫院做出負評。而醫院也害怕後續發展將難以收拾，所以顧不得那麼多，總之先道歉、洗刷了汙名再說。

的確會有某些醫生無法體諒病患在候診數小時後提問的心情，只花不到兩、三分鐘的時間就告訴病患診療已經結束，這種情況容易讓人感到不悅。

但是，這個診療時的糾紛，應該是由醫生本人所引發的，將問題推給沒有太多權限的雇員，只會讓他們無所適從。如果真要抗議的話，那就應該冷靜地向醫生反映。一味地怒吼、上網散播負評，只是突顯自己的心智不成熟而已。

第三章
Chapter 3

反應過度的心理機制

所謂的認知複雜性，可以使人不會將事物單純化，
並能用多方的觀點進行解析。
認知複雜性較弱的人會將事物單純化，
分析事情時也比較容易流於片面。

人類是不在乎合理性的生物

在經濟學的理論中，有人曾指出人類絕對不會按照合理的判斷過活。而佛洛伊德的潛意識心理學在分析人類的心理機制後，也認為人類產生不合理的判斷是理所當然的。由此可知，反應過度可說是由不合理的心理過程導致的結果。

在研究潛意識的心理機制後，佛洛伊德認為人類的潛意識是受到日常生活的經驗所引導。

例如一個平時溫文有禮的人，突然在無預警的情況下暴怒起來。當他失禮地頂撞他人後，不只態度強硬，那種不尋常的模樣也讓自己和旁人吃驚。其實，這是潛意識在運行時，受到他人不自覺的批判所產生的刺激。

還有面對值得尊敬的人時，原本心中想著自己必須以禮相待，但卻不小心出言不遜。這時大腦雖然命令自己「必須有禮貌」，但還是會不由自主地做出相反的行為。而有這種現象的當事人，往往也會對自己出乎意料的舉動感到訝異。

佛洛伊德也舉出了以下案例：

在一次聚會中，某人原本應該要祝賀主管：「為您的健康乾杯（Anstossen）」，但是卻說成「為您的健康打嗝（Aufstossen）」。

根據佛洛伊德所述，這位主管雖然是必須受到尊敬的人物，然而當事人卻打從心底認為主管非常討人厭，所以在表達敬意的同時，內心也在抗拒自己說出祝福。

換句話說，當事人在恭賀主管的想法中，隱藏著不想恭賀的潛意識。雖然當事人心裡認為自己姑且說出祝福就夠了，但一不留神還是遵從了內心真正的想法，然後說錯了原本要說的話。

佛洛伊德也舉出另外一個例子。

某位教授在自己的就任座談會上，本來想謙遜地說：「我沒有資格陳述這位受人尊敬的前任教授的豐功偉業。」但他一不留神，就把「沒資格（Nicht geeignet）」說成「沒心情（Nicht geneigt）」。這和前面所說的例子一樣，因為是兩個類似的詞，而讓當事人在說話時出現誤判。

在這個例子中，要探討「為何會將兩個不同的詞弄錯」、「為何會順口說出這句話」，結論還是不得不讓人聯想到那位前任教授在學術界的評價並不高。

雖然當事人可能會對這個結論提出嚴正的抗議，但若真的主張自己是在無意間說錯話，那麼內心蘊含著某種因素導致他講錯話的假設還是可以成立。

此外，不只有精神分析學檢視過這類現象，就連最近的心理學實驗中，也證明人類會在無意識間做出不合理的判斷。

在此來看一下約翰・巴赫（John A. Bargh）等人的相關實驗吧。約翰・巴赫認為人類會將表達物理性質的字彙，轉化為心理性質的抽象概念。例如「遠近」這個表達物理距離的概念，我們會轉化為「較疏遠的人際關係」和「較親近的人際關係」；「冷暖」這個表達物理溫度的概念，我們會轉化為「冷漠」和「溫和」這種形容個性的詞語。

就像這樣，我們平時會將物理概念轉化為抽象概念。也因為這種轉化印象的傾向，我們的心理會在無意識中受到物理性質的影響。

例如，有一個實驗證明，談判時讓對方坐在較硬的椅子上，那麼對方的態度就會比坐在軟沙發上時還要強硬，且不容易妥協。雖然椅子的軟硬和談判內容明顯沒有直接關係，但結果證明，既然椅子的柔軟程度能影響談判對象的言行，那就代表人類會因此做出相當不合理的判斷。

另外還有一個實驗顯示，比起拿著盛冷咖啡的玻璃杯，讓人手拿盛著熱咖啡的杯子，人們會因為「溫暖」的感覺，而對眼前的人留下良好的印象。當然，每個人都知道，手上杯子的溫度和講話對象的個性完全沒有關聯，但我們還是會在無意間將這兩種不相干的因素連結在一起，進而成為判斷的依據。

從以上舉的各種例子看來，我們可以知道，人類絕不是基於合理性而生的動物。

對資訊的處理無法系統化

在第一章我們曾稍微提到捷思法的作用，由於這是引發反應過度的重要因素，所以本節將會做一個簡單的說明。

心理學家柴肯（Chaiken），將系統式訊息處理（Systematic processing）和捷思式訊息處理（Heuristic processing）區別，並且重

新歸納為「捷思—系統二元訊息處理模式」（Heuristic-Systematic dual-Processing Model）。

系統式資訊處理會讓人慎重處理可取得的資訊，並用各種觀點進行論證後再下判斷；而捷思法是一種簡便的資訊處理方法，只要獲得些許的周邊資訊就能憑著直覺快速下判斷。

一般來說，我們要下重要的判斷時，必須仰賴系統式資訊處理的方式。只要我們使用這種方法，就會仔細參考、思索各種資訊，然後再做出最合適的判斷。

但其實我們還是會在無意間依賴捷思法來下判斷，不但忽視必須考量的資訊，而且也會忘記進行反覆的審視。

即使是自認為不會輕率下判斷的人，也會在無意間使用捷思法。例如，我們在對眼前的人暗下評論時，會認為「這個人經過推薦，也許沒問題」、「原來這個人很有誠意啊」，但卻忘了自己必須仔細觀察，結果輕易地接受對方。

「那是間有名的百貨公司，所以賣的東西應該沒問題。」我們會像這樣忽略應該要審慎注意商品的品質，或是一廂情願地認為「貴的那個一定最好」，而放棄仔細的比較，直接購買高價位的商品。

我們看到容易理解的宣傳圖示、圖表後，就會覺得「真的耶，看起來很有效耶」，然後靠著感覺下判斷，讓自己疏於檢查宣傳中的數據是否經過加工偽造，又或者沒有審慎考量對方的提案，結果讓自己輕易地被對方說服。

當我們欠缺相關知識時，即使我們擁有可供檢視的有限資訊，也會因為不知該如何下判斷，而輕易地交由捷思法來處理。

而在自己具備相關知識的場合中，通常也會因為必須考慮的資訊量太大，在心理上對於要仔細檢視感到疲勞，所以在不知不覺間依賴捷思法做決定。

換句話說，人在忙碌、疲勞時，會因為無暇檢視資訊，而讓精神渙散，並輕易的使用捷思法做出簡便的判斷。

所以我們使用捷思法後，容易覺得「這個資訊值得信賴」、「這句話可以接受」，而忘了自己必須考慮其中的合理性；最後又讓自己受到沒由來的資訊與不安、憤怒等情緒的煽動，然後做出一連串的過度反應。

情緒反應強烈，但認知反應低弱

所謂的反應過度，是因為情緒反應優於認知反應所產生的。當我們讓情緒取得主導權，就會無法冷靜判斷，也很容易做出極端的行為。

例如，遇到有朋友被他人用難聽的話羞辱，如果是情緒反應較強的人，就會回應朋友：「這真的很過分，那個人實在是太可惡了」、

「真不敢相信！他居然說出這種話，完全無法原諒」等話語。

但如果是認知反應較強的人，就會冷靜地說：「真的有點過分，他大概是遇到什麼不好的事，所以才會這麼生氣吧」、「他居然會說出這種話，會不會中間有什麼誤會」等。

情緒反應較強的人，比較無法適應壓力，只要遇到討厭的事情，便容易有承受壓力後的反應。一旦產生討厭的感覺，就會生氣、陷入低潮，或是情緒激動。而認知反應較強的人較有抗壓性，遇到討厭的事物時較不易隨著狀況起舞、不大情緒化並且能冷靜應對。

當然，情緒反應較強的人就是容易反應過度的類型。

像第一章的案例中，這樣類型的人在知道東京天然氣的廣告會使求職者的心靈受創後，不但馬上任憑情緒反應做出判斷，還會認為「真是豈有此理，這則廣告太可惡了」，並且議論這則廣告的播出是否合理。

接著，他們照樣不冷靜檢視，而是開始批評廣告：「這種內容當然要停播才對。」然後當他們聽到有人遷怒贊助商、廣告公司、知名企業是人生勝利組，所以才會在不體恤求職者的情況下做出這則廣告時，他們的批判也會越來越強烈，產生「真是一群不知人間疾苦的傢伙，我才不原諒這些踐踏求職者辛酸血淚的人」之類的想法。

但一般來說，只要稍微冷靜思考，就會發現這則廣告並沒有傷害到所有求職者。事實上，某些苦於找不到工作的求職者在看過廣告後，覺得自己受到了鼓舞。也有求職者看到主角母親所展現的溫情，想起家人也會一樣的關懷自己，即使感覺自己從孤軍奮戰到逐漸被逼進死胡同，但這則廣告讓他們想起家人，心情上也變得輕鬆許多。

這則廣告最大的優點就是能讓許多家庭了解求職者面對的嚴苛挑戰，使大眾對這個社會現象產生共鳴，以及引導觀眾幫拚命找工作的求職者加油。然而針對廣告的批判卻將這些優點指認為缺點，認為這劇情像是在表現人生勝利組不懂求職者的辛酸。

從這則廣告的後續效應來看，情緒反應較強的人也許因為廣告而覺得受傷害、悶悶不樂，而認知反應較強的人則是從廣告當中獲得重新加油再出發的勇氣。

人類會產生情緒反應或認知反應，和抗壓性及精神恢復力（Resilience）有相當大的關聯。

例如情緒反應較強的人會因為「我不想看到討厭的場面」、「要是想起找工作的事我會心情不好」的想法，而表達出情緒化的、拒絕的姿態。這一型的人會如此，主要是因為抗壓性和精神恢復力較低。換句話說，他們克服逆境的能力較弱。

而認知反應型的人則會認為「原來現在找工作有這麼難啊」、「大家都這麼辛苦的在找工作呢」，並冷靜的從廣告和現實中取得共識。至於不像廣告主角一樣有母親在背後默默支持的人，也是可以冷靜的判斷出「雖然我沒有家人支持，不過還是可以跟朋友討論意見」等想法。

由此我們可以了解，當情緒反應強烈時，就容易引發對各種事物的反應過度。人生難免會因壓力而產生困境，所以為了能跨越困境，並預防反應過度，強化我們的認知反應是很重要的解決之道。

欠缺認知複雜性容易造成反應過度

容易反應過度的人，其心理特徵中最典型的表現就是認知複雜性（Cognitive Complexity）低弱。

所謂的認知複雜性，可以使人不會將事物單純化，並能用多方的觀點進行解析。認知複雜性較弱的人會有將事物單純化的習慣，分析事情時也比較容易流於片面。

認知複雜性低弱的話，評價他人時會反覆無常，而且會偏向兩極化。所以他們評價別人時，不是說「這人真的很不錯」，就是說「好討厭的人」。他們也很容易突然翻臉，說出「沒想到他那麼討厭，我真是看錯他了」之類的惡評。

那麼，為什麼認知複雜性低弱的人會用極端的觀點評價他人呢？因為他們不擅長從多方面的角度得出複合性的評價。一般來說，每個人都有優點和缺點，有討人喜歡的一面，也會有不受歡迎的一面。即使是情投意合的兩個人，也不可能會完全欣賞彼此的個性。

而認知複雜性低弱的人無法接受對方和自己的個性不同，只會給予他人很兩極的評價。例如「他不是好人，就是壞人」，或「他不是朋友，就是敵人」。

此外，雖然他們也能用「我喜歡他這一點，但他其他方面我不太喜歡」、「雖然我不喜歡他的性格，不過其他部分我倒是還滿喜歡的」

這樣的觀點進行判斷，但最後還是無法接納自己不喜歡的部分。所以只要一發現對方有缺點，原本的善意就會突然轉化為批判性的態度。

認知複雜性不只影響一個人對他人的評價，也會影響對所有事物的看法。

當認知複雜性較強時，即使遇到讓人認為「這下事情真的嚴重了」的狀況，只要試著用多方角度來檢視，也會發現事情沒有想像中的嚴重。

例如旅行時遇到火車事故，由於無法準時到達目的地，所以只能下車到附近的旅館休息一晚。如果是認知複雜性較弱的人，就會覺得「為什麼只有我會遇到這種事，我一定要趕快按照原本的計畫抵達目的地才行」，他們也許會一邊執著於完成既定的成行程，然後一邊抱怨自己的運氣不好。

至於認知複雜性較強的人，則會認為「既然事情已經發生，那就算了，反正現在除了下車也沒別的辦法。不如當作新的行程，姑且在四處逛逛也好」。他們不但能將突發狀況視為偶然遇到的機會，也會試著讓自己樂在其中。

總之，認知複雜性低弱的人，的確是容易反應過度的族群。

對待他人不夠寬容

在看過各種反應過度的案例後，我們還是會發現，最近對他人不夠寬容的人越來越多。他們不但認為自己的觀點是絕對正確的，而且還會糾正和自己的想法、行為模式不同的人。

這一型的人主要是欠缺體會他人觀點的同理心，也就是考量對方的想法，並且理解對方的行為模式。越是容易反應過度並會隨意批判他人的人，就越沒有同理心。

這就像你在餐廳中隔著一張餐桌與人面對面，此時對方背向窗戶，而你則是正對著窗戶。雖然你可以從對方背後望見窗外的景色，不過對方卻可以從你的背後看到你所看不到的餐廳格局。由於雙方的觀點不同，因此眼中所看到的光景也截然不同。

內心世界也是一樣的，每個人因為內心的風景不同，會產生不同觀點。

這個世界上到處都是不同價值觀的人，總是否定他人的價值觀其實是很奇怪的行為。如果否定他人的價值觀是正常的，不就表示其他人也可以反過來否定你嗎？當大家將這種行為視為司空見慣，那麼人類就會因為彼此的價值觀不同，陷入難以和平相處的境況中。

只要不認為自己的觀點是絕對正確的，能以客觀的角度來設想，就可以透過思考了解對方的立場。但如果我們把自己的觀點視為絕對，一旦接觸到對方的言行、思考模式，就會覺得「他好奇怪」、「我不能原諒這種人」，會下意識用充滿偏見且情緒化的態度加以否定。

在第一章中，我們曾經提到高中棒球隊女經理的故事。雖然大家以著肯定女經理的角度將此事傳為美談，但也有人質疑那位女經理寧可犧牲前途，也要幫棒球社員做便當的選擇很不明智。此外，讓女生擔任幕後工作更有歧視女性之嫌，所以當時引發了女經理應該以自身前途為優先的批評聲浪。

但是，每個人都有屬於自己的價值觀，讓當事人親自決定用什麼價值觀生存才是正確的事。除了犯罪和違反善良風俗的生存之道以外，不管是讓球員成為主角而自己位居幕後，還是在求學和社團兩者間擇其一，都是當事人的自由。

若是當事人身邊的親友提出意見倒也無妨，因為至少他們還可以基於對當事人的了解給出建議，但媒體和網友在不了解的情況下否定當事人的抉擇，其實是傲慢且失禮的行為。

乍看之下，身為女生就要放棄前途，成為幕後的球隊經理的狀況很容易讓人質疑，但事實上，這個質疑本身並無法構成有理的論據。因為也有人身為男性，但想以球隊經理的身分貫徹自己的人生，又或是只想好好地做輔助型的工作。再說，不管是哪一種行業，不是每個人都是老闆或萬眾矚目的主角。那些老闆、主角想要成功，也必須有專門在幕後輔助他們的好幫手才行。

即使是職業運動，想要有傑出的表現，不可能光靠總教練和選手就可以達成。他們還需要指導教練、訓練員、計分員、場地管理員、宿舍管理員、營養師等許多人的協助，才可能拿下優異的成績。甚至連幫隊伍、選手加油的粉絲們，也是讓整個團隊獲得成功的重要一員。所以將輔助他人的生存之道曲解為犧牲自我前途，根本就是一種奇怪的想法。

至於我個人在團體中工作時，會盡量不讓自己太過活躍。因為要是升官或坐上主管的位置，我的私人時間就會被工作占用，如此我就不能隨意閱讀喜歡的書籍和論文了。我希望自己能專心唸書。另外，對我來說，家人和朋友比工作還更重要。

此外，我的一些男同事則是在小孩上學之前，暫且以家庭為優先，而將工作放在第二順位。

當然，也有一些同事熱中於出人頭地，不過他們大多不會犧牲掉陪伴家人的時間。其他也有本來就不關心業績或升官，因為特別熱中研究工作，反而沒機會在團體中獲得較高的地位，甚至還為此犧牲掉和家人相處的時間。

正因為每個人都有屬於自己的生存法則，所以對事物的看法都有自己的立場。每個人都有所不同，珍惜的事物或喜好的生存方式也就不同。然而認為自己的觀點絕對正確的人，不但不能寬以待人，而且總是會反應過度地批判他人。

從防衛性姿態轉為攻擊性反應

有時候雖然我們並不是很生氣，但與別人說話時卻會有點激動，儘管這種態度無傷大雅，不過某些人聽了卻會立刻感到不滿。

從客觀的角度來看，若這算是反應過度，那就不是說話者的用詞不當和態度問題，通常是這種人本身內心有問題。

例如你稍微提醒他們做事要注意一點、不要出差錯，結果他們卻覺得自己被全盤否定，於是開始發怒或陷入低潮。即使沒有惡意，單純只是要他們在工作時小心謹慎一點，但他們聽起來卻會覺得自己被烙下了「沒用的人」、「我很無能」的印記。

除了提醒對方這種情形之外，還有告訴他在工作上犯了什麼錯誤的情況，當你出於好心教導同事如何才能讓工作更有效率時，雖然他們會說：「好，謝謝你，」但還是會不高興地接著回應：「你說的這些我都知道。」那麼，為何同事的善意提醒，會讓他們出現這種反應呢？這是因為比起同事的善意，被他人居高臨下地指點自己的工作更讓他們感到在意。

基本上，這種想法是因為對自己沒信心所導致的。

正因為知道自己工作的效率不高，所以在同事建議：「像我這樣做會更有效率喔」之後，反而會覺得同事像是在對自己炫耀一樣。他們會認為「對方是故意宣傳自己的作法比較能幹」或「被人看不起了」。

其實，這算是一般人都會有的想法，然而當事人的心理機制，卻在無意識中把對方當成壞人，同時也沒有發現自己有如此扭曲的心理。

當我們在工作方面沒有自信、覺得自己比不過他人時，特別容易萌生出上述想法，而且也容易被旁人的言行刺激，會因此產生出「被人瞧不起的不安感」。雖然每個人都會有「被人瞧不起的不安感」，但越沒有自信的人越會如此，所以常常誤以為他人帶有惡意。

在前面所舉的例子中，這位同事並沒有瞧不起任何人，只是單純的提出有用的建議而已，然而因為聽的人本身沒有自信，出於防衛的心態，覺得「明明我們是平輩，你卻一副地位比較高的模樣」、「你現在在瞧不起我」。

結果這種防衛心態，把工作上必須注意的重點，還有出於善意的舉動，全都當成對方攻擊自己的手段。因為意識到對方展開攻擊，進而讓自己變成反應過度。

想獲得認同的欲望會激發被害者心理

正如某些人主張現代社會已經邁入了自戀的時代，我們確實變得越來越自戀。尤其是最近流行的自拍並上傳惡搞PO文的行為，更是其中的典型。

在這種時代裡，不少人的自我認同脫離了現實，他們大多會想像自己很帥氣、有能力、是人見人愛的萬人迷；為了不讓自己無所不能的形象受到傷害，會拚命展現出自己想像中的模樣給大家看。

因此，即使自知沒有能力，也要故意虛張聲勢到底。驅使他們這麼做的動機，就是想得到大眾的認同。如果沒有得到源源不絕的認同，就會傷害到他們在自戀中所刻畫出的自我形象，並且讓他們自以為是的萬能感崩潰。

由於這種人在尋求認同的過程中，會做出依附他人意見的姿態，所以一旦他們的自尊心受到傷害，就會加重內心的被害者意識，進而產生出攻擊欲望。

也因為非常渴望得到認同，因此會基於「為什麼你們都不認同我」的想法而攻擊他人。

換句話說，就是不能傷害他們的自尊。

其實，這種反應是相當普通的反應，尤其在我們感到沒有自信或不安時，特別容易有這樣的行為。但這類型的人在如此的狀態下，只要他人表示出一點看法，就容易出現反應過度。

即使對方在交談中沒有惡意，這種人還是會覺得「我被你瞧不起了」。對方只是單純沒有注意到他的存在，這種人也會覺得「我被你刻意忽視了」。接著就會反應過度。

光是一點表態就會讓他們覺得自己的全部都被他人給否定了，而讓他們產生這種感覺的原因就是因為自戀的心態受到傷害，還有因為害怕虛張聲勢的假象遭到瓦解。正因為自認為無所不能的幻想有可能崩潰，害怕守護自尊的保護膜會被撕下來，所以才會產生攻擊性。

當這種人沒辦法獲得期待中的評價、讚賞、援助時，就會爆發出連自己都不敢相信的攻擊性。而且他們不在乎對方究竟有無惡意，也不在乎自己正單方面地展現出攻擊性，而只是任由被害者意識引導自己，並且開始遷怒於旁人。

其實，這是自信心和強烈的自戀心互相融合所導致的結果。他們凡事都以自我為中心，認為身邊的人們必須繞著他們轉，所以大家也都必須關懷他們。一旦受到萬眾矚目的期待落空後，就會做出誇張的行徑。

當他們沒有獲得肯定，也沒有受到另眼相待時，就會產生出「每個人都在看不起我」的恨意。

因為自我中心產生的期待感落空後，更刺激他們的被害者意識，然後開始展現過度的攻擊性。所以即使所做所為無益於工作，他們也要將自己無法獲得肯定、另眼相待的過錯全推給他人，如此才能保持住自己無所不能的幻想。

此外，也有因為無法得到認同而陷入低潮狀態的類型。不過，那不是因為太盡責，所以在自責的當下產生憂鬱，反而是因為欠缺責任感、習慣將過錯轉嫁給他人或團體，並且自怨自艾。近年來，這種類型的人也快速增多，可說是現代典型的低潮族群。

這種人在工作時，會按照自己的心情休息或是摸魚找樂子。其心情變化顯得很極端，只要他人表示一點意見，這種類型的人就會開始追究責任，並且以被害者的姿態加以控訴。這種人不會隱藏自己的憂鬱，甚至可以說他們根本就是想藉著憂鬱的模樣尋求他人的禮遇。換句話說，這是屬於因為以自我為中心而陷入低潮的類型。

總之，現實戳破他們自以為美好的假象後，他們不但會顯現出異常強烈的被害者意識和攻擊性，也會為了保護原本的自戀心態而產生憂鬱情緒，更會拚命掩蓋自以為無所不能的幻覺。

自我誇大和缺乏自信是相輔相成的

有些人喜歡驕傲地誇耀自己的能力，刻意展現出淵博的知識，同時也瞧不起他人工作效率太差或思想淺薄。但這種看似充滿自信的人，若是會因為一點小事就勃然大怒，就代表他們的內心處於不安定的狀態。

雖然在工作上我們有時候會聽說：「那個人的自尊心很強，很難要他幫忙。」但那些很難請託的人，自尊心真的這麼高嗎？

其實，自尊心除了有高低之分外，也有是否安定不易動搖的分別。簡單地說，有些人的自尊心較高，而且也對自己很有信心，因此不容易產生不安；但也有人的自尊心雖然很高，卻很容易因為一點小事而讓自尊心崩潰。不管是來自他人的否定，又或是自己否定自己，只要自尊心產生動搖，都有可能引發反應過度。

麥可・柯尼斯（Michael Kernis）透過實驗證明，自尊心強卻不安定的人，在面對他人的否定時，特別容易展現出強烈的憤怒和敵意；至於自尊心強且不容易受的響的人，即使遇到相同的狀況，也幾乎不會生氣或產生敵意。而自尊心低且安定的人，和自尊心低卻不安定的人，其行為的強烈程度則居於兩者之間。

換言之，「自尊心強而且要小心相處」的人，與其說他們的自尊心較強，不如說他們處於一種自我陶醉的狀態。雖然這種人會想維持較高的自尊心，但內心其實是對自己沒信心的，只要一點小事就能讓他們的自尊心開始動搖。所以當你一不小心惹這種人生氣時，他們就會成為難以溝通、令人頭痛的人物。

這種難以溝通的人，其內心除了自以為萬能、自以為有才幹之外，同時也害怕自己對任何事無能為力、沒自信。也因為同時存在這些互相矛盾的因子，所以他們才會在自我誇大和沒有自信之間遊走。

雖然他們在被人稱讚時會高興得快要飛起來，但要是被人輕視，內心就會受到很深的傷害。而這時的傷害會逐漸演變為具有攻擊性的過度反應。

此外，這種人常常會特地擺出高姿態，向人炫耀自己的豐功偉業。但若聽眾沒有給予正面回應，他們就會為此大發雷霆，即使表面上仍保持著自信，但心底其實隱藏著自卑感。還有，他們不會和人推心置腹，主要是認為自己比較尊貴。除此之外，也會不自然地試圖影響他人對自己的觀感，這只是為了不讓他人發現自己沒有自信罷了。

而自尊心強烈並且不易動搖的人，不會因為被人瞧不起而感到不安，他們也不會因為自己的不安和害怕被人看透而自亂陣腳，因為他們知道自己不需要用高傲的盔甲保護自己。因此這種人在被他人嘲笑時，內心是可以自我調適的。他們不但可以大方承認自己的弱點，而且被人用失禮的態度對待時也能一笑置之。

反觀那些只有表面上自尊心強烈的人，由於遊走在自我誇大和沒有自信之間，所以被人嘲笑時會無所適從，被人挑出弱點時也不會大方承認；被人用失禮的態度對待後不但會記仇，最後還會做出一連串脫序的舉動。而這副模樣，就是他們拚死支撐脆弱自尊時的掙扎姿態。

極度不想被他人討厭

在反應過度的背後，往往潛藏著害怕與他人交流的心理。所以，某些人才會太過在乎他人對於自己的感想，表現出反應過度的一面。

當一個人對他人的反應很敏感時，就會一直在乎對方到底討不討厭自己。而當這種情感太過強烈，甚至還會拚命配合對方的要求。如果對方的反應還是不如預期，就會猜測對方討厭自己，然後陷入嚴重的低潮。

有一本暢銷書，名叫《被討厭的勇氣》，揭露了許多人的思維裡暗藏著「很害怕被人討厭」的想法。換言之，「被討厭的勇氣」這句話也暗示人們「害怕被人討厭」，所以會因為心中的某些疙瘩而產生反應過度。

一個人要活在現代社會裡，必須迎合他人的觀感才能保證自我的價值。這是以研究社會心理學見長的精神分析學家，埃里希・弗洛姆（Erich Fromm）所提出的市場人格（Marketing Character）。

弗洛姆指出，現代社會的市場經濟原理已經影響到個人的人格價值。換句話說，我們的價值的高低，已經被市場原理給桎梏住了。

隨著市場經濟的發展，一件物品的價值不在於能發揮多少實際效用，而是取決於能轉換成多少金額的交易價值。

一般而言，交易價值是由眾人的需求程度來決定的。所以，人類的價值同樣也開始按照這種模式發展後，比起一個人是否有能力、有貢獻，是否討人喜歡和人見人愛才是決定人格價值的標準。因此，很多現代人為了得到他人的好感，會積極地尋求認同。

弗洛姆將這種把自己作為商品推銷、以及把自我價值等同於交易價值的處世之道，稱為市場人格。

在市場經濟的發展上，我們沒有阻止這種觀念，所以大多數人在販售商品時，不會積極充實商品的內容，而是專賣大家都想買的東西，這也幾乎成為做生意的常識。也因為這樣的時代風氣，越來越多人認為自我人格的價值要交由市場的交易機制來決定，自己是否可以被大眾認同、接受，成了決定人格價值的標準。所以，我們也越來越在乎自己是否能被他人喜愛，在乎他人如何看待自己。

尤其是當我們沒自信可以受人喜愛時，只要發現自己被他人注視，就會覺得非常地在意，也會因為在乎他人的視線是否出於善意而感到不安，同時又害怕他人會看透我們心中存著這種不安。

那些必須看別人眼色過日子的人，我想他們也是打從心底覺得這種生活很鬱悶吧？也許就是因為這種深層的心理刺激，所以才會出現「被討厭的勇氣」這個詞吧？

一廂情願地期待他人滿足自己

你的身邊是不是有人在和你保持良好關係一陣子後，卻突然變得冷漠呢？而且你也確定自己沒有和這個人吵架、翻臉，不記得雙方之間有出現過任何摩擦。要是你真的遇過這種案例，也許對方可能是特別自戀的人。

一個自戀傾向強烈的人，其特徵為內心容易對他人抱有過度的期待。他們認為旁人會為自己做出貢獻，因此也會單方面地期待事情如他們所預料。但每個人都有自己的觀點，並且觀察力也可能是有限的，不可能每次都會特地觀察眼前的人究竟在期待什麼。更何況每個人光是處理自己的事就已經忙不過來了。

到後來，那些容易對他人抱有過度期待的人，也會變成特別喜歡撒嬌的人。

專門研究人類撒嬌行為的精神科醫師土居健郎，認為撒嬌行為的原形就是母子關係間的索求。幼兒發現除了自己的存在外，還有母親的貼身照料，在這層照料關係結束後，幼兒在心理上為了否定這個事實，因而產生索求行為，也就是撒嬌。因此，我們可以將撒嬌的心理機制定義為：人類因為想否定已經分崩離析的人際關係，也為了療癒分離的傷痛，而對他人做出索求。因此，一個人的撒嬌心態越強，也就代表這個人的內心對於分離的不安感也十分強烈（土居健郎《撒嬌的心理機制》）。

換句話說，容易對人產生過度期待的人，同時也是特別容易撒嬌的人，原因是他們自己無法割捨和旁人的關係。其實，不管彼此有多親近，他人和自己都是獨立的人格；然而，這種人在人際關係上卻有許多現象無法理解。例如在交流時難免會有代溝、不可能什麼事情都能以溝通解決、有些事情不是親口說明白就能讓人了解、即使解釋了也不見得能夠完全理解等。因此，他們往往無法察覺到人和人之間的個體差異。

也因為這種傾向，所以這種愛撒嬌的人在和朋友打交道時，容易抱著「心有靈犀一點通」的幻想。但幻想畢竟是幻想，他們一廂情願的期待通常還是會落空。

根據土居先生的研究，這種人在發現撒嬌無法獲得回應時，心理會開始產生出「任性耍賴」、「乖僻」、「鬧彆扭」、「怨恨」的情緒，而當中也包含著若干被害者意識。

簡單地說，當對方沒有接受自己的撒嬌時，他們就會「耍任性」；覺得自己遭受不公平的對待時，態度也會「乖僻」起來。不過這往往是因為撒嬌沒有成功的緣故。雖然「鬧彆扭」時，他們看起來已經放棄撒嬌，轉過身子不理對方，但心裡仍然期待對方會有所回應。而在發現對方是真的拒絕時，就會產生敵意，「怨恨」對方。

這些心理反應全是因為過度的期待無法如願，才會突然轉為失望、憤怒，進而產生其他各種脫序行為。而到了這個地步，他們的過度期待往往容易被完全背棄。對於這種人的心理機制，其實我也曾經發表過以下觀點：

> 這種扭曲的撒嬌心理，其實包含著非常獨斷的被害者意識。他們常常覺得：「我其實很需要別人的稱讚，結果別人卻因為一點失誤而罵我；我明明已經很努力，但我的付出卻沒得到回報，而且工作量還加重；我已經很在乎自己的失敗了，結

果大家不但沒有安慰我，還要聽別人用說教的語氣叫我注意一點。」他們的這些情形，特別容易發生在撒嬌卻沒有被對方接納時。此時，若他們發現期待落空，其被害者意識也會跟著浮現。對他們而言，辦事不力以至於被人斥責、或是被要求謹慎行事沒有什麼大不了，所以沒有反省的必要。不過，自己的內心很受傷，就是值得關心的事。

其實，如果真的想被人好好地稱讚、想獲得好評，可以盡力地把事情做好，等到達成目標時，再來適時地宣傳自己就可以了。但是，日本人特有的「撒嬌文化」，讓我們難以如此行事。

不想宣傳自己，只想向人撒嬌。總是期待對方能主動回應自己的索求，就是日本人的行事作風。所以，我們做任何事都會很在乎對方的態度。要是對方沒有回應自己的撒嬌，就會感到自己遭人背棄，最後生出被害者意識。

——榎本博明《「俯視他人」的心理構造》

當一般人用普通的視角去觀察愛撒嬌的人時，只會覺得他們好像正在期待些什麼，卻又無從理解。不但不懂他們為何感到不滿，就連生起悶氣的原因也讓人摸不著頭緒。而且更讓人無奈的是，通常他們都是先一廂情願地對他人抱有過度期待，卻又因為覺得遭到背叛，而用過度的反應回敬對方。

我想這種人的思考模式，也許是認為：「你不是應該了解我嗎？因為你沒有回應我的期待，所以我才會覺得遭到背叛。」雖然這些分析顯得有些繁瑣，但我想說明的就是，愛撒嬌之人的另一種特徵，亦即「他們寧可不將自己的需求說清楚，也要期待對方了解自己」。一旦對方沒有接收到他們的需求，他們就會生氣地抱怨：「為什麼你不懂我的心」、「你快點弄懂我的意思不就好了」。

強烈感覺自己「沒得到應有的回報」

經濟高度成長的那個年代，每個人都能確實地感受到「自己的努力會有所回報」。許多社會人士年年加薪，讓原本貧乏的物質生活變得豐足。只要你肯腳踏實地，就能讓生活變得更好。在那個年代裡，每個人都相信自己的努力一定會有收穫。

但是最近二十年來，我們國家的經濟陷入了停滯及通貨緊縮。越來越多人覺得就算努力工作也不會有所回報。只要發布資遣員工的人事命令，本來為公司拚命工作的人、為社會繁榮犧牲私生活的人，就會輕易地被公司開除。又或者是原本賴以維生的公司，突然在一夕之間倒閉。更不用說這些讓人措手不及的情況，在現代可說是隨處可見。

即使不提這些極端的案例，員工們辛勤工作，薪資卻不升反降也是屢見不鮮。如此的社會現象，已經幾乎讓我們無法再覺得「努力就會有回報」了。

所以，我們對此得出的感想往往會是：「再怎麼努力都不會有收穫」、「我明明已經很努力了，但怎麼還是如此下場……」、「工作對我的人生又有什麼意義？」

很多人因此開始認為「自己沒有取得應有的回報」，一股「無法獲得回報」的情緒就此蔓延開來。

而「無法獲得回報」的感覺，最後也演變成一連串的反應過度。在心理學的領域中，「欲望無法滿足的狀態容易導致攻擊行為」的假說十分有名。換言之，人在欲求不滿時特別容易生出攻擊他人的衝動。

其中，最典型的就是鐵路公司員工遭到乘客攻擊的社會問題。

站務員們為了遵守乘車規定，常常必須面對情緒失控的乘客，所以他們特別容易遇到各種不講理的暴力行為。例如，要求乘客不要把關上的閘門打開、阻止乘客在禁菸場所抽菸，或是因為車輛故障或臥軌事件只能臨時停車等狀況，當乘客按捺不住時，就會對他們暴力相向。又或是乘客不太會使用售票機、車票已過期、無法使用其他客運公司的回數票等等，都有可能讓站務員遭受攻擊。

行使暴力可說是攻擊行為中最為極端的方式，而失控的乘客對鐵路公司員工咆哮更是隨處可見。在這些例子裡，最容易引發糾紛的就是車輛故障、天候不佳、臥軌事件所造成的班次延誤。通常不滿的乘客會對員工抱怨：

「到底發生什麼事？也不講清楚，未免也太不負責任了。」

「我有急事要辦，再不快點開車會造成很大的麻煩。」

要是員工無法針對這些抱怨做詳細的說明，乘客的態度會變得更加刁鑽。

「是要我等到什麼時候？」
「我快要遲到了，你們就一點辦法都沒有嗎？」
「你們是有什麼問題，把乘客送到目的地不就是你們的工作嗎？」
但就算說出這些話，員工還是無法準確說出讓電車停駛的暴風雨何時會結束。當然，臥軌和電車衝撞事故也一樣，員工沒必要對這類事故負起責任。以鐵路公司員工的立場而言，那些過激的抱怨只不過是蠻不講理的行為而已。
據說，那些對站務員行使暴力的乘客大多為中老年人。也許在中老年世代的心中，因為受「無法獲得回報」的感覺影響，才會覺得自己「做任何事都不該出現失誤」吧？

總是希望他人「知恩圖報」

前文中，我們已經說明了「無法獲得回報」的感覺容易引出攻擊傾向，進而引發反應過度。那麼，人在什麼時候最容易覺得自己沒有得到應有的回報呢？前文曾提及，「無法獲得回報」的感覺會衍生出「再怎麼努力都沒有結果」的心理，不過也有些人會衍生出「明明我就幫助過你……結果你卻沒有任何回應……」的感受，再由此產生一連串的反應過度。

基本上，付出與收穫（Give and take）是一種正常的觀念，然而有時他人只會對你予取予求，卻不會有所回饋。例如，某人總是厚著臉皮拜託你幫忙，但當你需要幫忙時，卻又以他忙不過來為由拒絕；某人總是想辦法占你的便宜，但卻一點都不想有難同當；某人有困難時你總是會伸出援手，但當你有困難時，他卻什麼也不幫。如果一個人總是遇到這種情況，想必也會有無法得到回報的感覺吧？

當那些老是尋求自己協助的人像以往一樣有事相求時，我們可能會心想：「怎麼會有這麼厚臉皮的人」、「我可沒有要他幫我什麼，但他居然提出這種要求」，接著一個不留神，就會做出帶有攻擊意味的回應。

雖然在對方的眼中，這只是沒來由的反應過度，不過我們通常會覺得自己只是正常的宣洩。

其實，一般人對這種付出與收穫的需求大多能取得平衡，只是有一種人特別喜歡要求他人對自己有恩必報。

他們會像攤牌般地將「自己對他人的付出」列舉出來，並且逼問對方為什麼對此無動於衷，再用誇張的口吻感嘆自己沒有得到回報。他們會強調自己的付出毫無收穫，對方卻照樣單方面地尋求協助。通常他們說出這些想法後，往往會讓旁人目瞪口呆。

但是，這種人對自己的厚臉皮往往沒有任何自覺。他們打從心底認為他人欠自己一份情，認為別人總是單方面地要求自己付出。換句話說，他們只會記得自己為別人的「付出」，卻總是忘了自己也會從別人手上「收穫」。

雖說如此，但像這樣只談對自己有利的狀況，其實是很正常的心理機制。人類其實是一種會將自己的想法正當化的生物，如果我們不將自己的想法正當化，就無法讓自己積極向上。

所以，為了正當化自己的行為，我們習慣只表達對自己有利的資訊。靠著這種以自我為中心的認知系統，我們可以讓自己只想起對我們來說的好事。這也就是所謂的選擇性記憶，對自己有利的事總能快速回憶起來，但對自己不利的事就會無法憶起。

雖然每個人或多或少會以自我為中心，但某些人的這種傾向卻特別強烈。事實上，這種人也是屬於過度自戀的人，平時只會想起「自己為他人付出」，覺得自己的單方面付出損害了個人的利益，再加上「沒有得到回報」的感覺，讓這種人更容易抱怨他人，又或者主張自己有恩於人，最後引起攻擊行為。當然，這種憤怒絕對不算是正當的情緒發洩，充其量只是以自我為中心而引起的反應過度。

以不當的方式承受壓力

一般來說，心理壓力比較多是社會性壓力源（Stressor）所引發的。在這裡，我們會特別強調「社會性壓力源」，是因為壓力源有分為因為寒冷和濕熱而產生的物理性壓力源，以及因為雷射和輻射所產生的化學性壓力源。而那些因為人類社會的生活狀況而產生的壓力源，即為社會性壓力源。

社會性壓力源的生成原因大多以工作、學業、人際關係為主。例如，學生的社會性壓力源就是學校成績是否能夠進步、期中和期末考、指考等沒考好、與朋友相處的煩惱、失戀、轉學、就職等等。而社會人士的社會性壓力源則是通勤時客滿的車廂、嚴苛的法定工作時間、頻繁加班、惡劣的職場氣氛、和主管處不好、嚴苛的工作考績、薪資過低、工作上的失誤、被主管責罵、被客戶投訴等等。

以上所列舉的壓力源，讓我們容易產生各種壓力反應。像消化系統容易出問題的人，就會產生胃炎、胃潰瘍、過敏性腸躁症；皮膚容易出問題的人則會有蕁麻疹、圓形禿等等；神經系統容易出問題的人，常有偏頭痛、肩頸酸痛的煩惱。此外，以上所列的身體症狀也會導致失眠、不安、躁鬱、憂鬱、情緒低落等心理症狀。雖然壓力源是導致以上各種反應的原因，不過也不是一遇上壓力源就會具體表現出來。即使生活中有壓力源，隨著個人承受壓力的方式不同，也會出現或輕或重的壓力反應，甚至也有人完全不會出現壓力反應。

據說，一個人的認知評價*決定了他承受壓力源的方式。隨著個人的認知評價不同，即使是相同的壓力源，也會產生有無壓力反應的差異。

例如，模擬考成績很差時，有些人會陷入恐慌，心想：「我完了，考成這樣根本上不了好學校啊」、「現在用功唸書已經來不及了」。但另一種人則傾向於較有建設性的思考方式，他們會認為「我要趁現在好好的學起來，弄懂這些習題才行」、「雖然沒辦法達到完美，但至少還能盡力而為」，並確實地執行讀書計畫。

還有工作上出差錯，以至於被主管斥責時，悲觀的人會認為：「出了這種差錯，我就等著被公司放棄了」、「主管一定對我的失敗感到不可置信」，在陷入低潮的同時，工作的狀況也越來越差。

而另一種人則是相反，會積極正面地看待主管的斥責，他們會這麼想：「下次小心一點，不要再犯相同的錯」、「也許主管很期待我的

*譯註：認知評價（Cognitive appraisal）：心理學家拉札勒斯（Richard S. Lazarus）認為個人會對壓力進行的評估，而評估的結果會決定解決壓力的方式。

表現，所以才會說那麼重的話」，並且確實地提高工作效率。

即使是相同的壓力源，也會因為對事物的看法是積極或消極，而決定壓力的產生與大小。

有較深的負面認知評價，或處理事物的方式偏向消極時，遇到狀況會容易覺得自己「已經不行了」，不但會自亂陣腳、感到焦躁，面對鼓勵自己的人還會抱怨：「你不過是旁觀者而已，不要說那些表面的官腔，」更會陷入本來就不該出現的低潮。總之，即使是大家都會遇到的壓力源，只要認知評價較為負面、消極，就容易引發反應過度。

避免累積心理壓力

在這一節，我們再探討一下壓力和反應過度之間的關係吧。

當人遇到事與願違、付出得不到成果的狀況時，往往會因此生成壓力源，一旦長期累積，未來只要因為一點小事觸發就會開始歇斯底里，憤怒的情緒隨之爆發，並導致反應過度。

想解決這種情緒失控的狀況，關鍵就在於壓力的應對（Stress Coping）。如果能控制好壓力，就不會累積過多；反之，長期累積壓力會使一個人成為易感躁鬱的體質。

一般我們經常用到的壓力應對方式分為兩種，一種是「不去思考討厭事物」的迴避型應對壓力，另一種是「將討厭的心思發洩掉」的發洩型應對壓力。

迴避型應對壓力的具體狀況如下：

✦ 不去思考討厭的事情
✦ 如果是想不出結果的事就不思考
✦ 專注於行動，不會同時思考別的事

✦不想太多事情，讓自己一夜好眠

✦借酒澆愁，把難過的事忘掉

發洩型應對壓力的具體狀況如下：

✦和知心好友快樂地聊天

✦靠嗜好轉換情緒

✦靠出門購物、吃飯轉換情緒

✦靠運動、散步轉換情緒

✦思考快樂的事情來讓思維變得更正面

如果一個人擁有以上各種應對壓力的方法，通常在遇到壓力時就能讓心情好過一些。反之，無法轉換、發洩情緒時，就會不斷地累積不滿，最後會因為一點小事而反應過度。

缺乏應對的知識和經驗

當我們發現平時處理事情的方法無法解決問題時，通常會失去冷靜，並且會容易情緒激動。此時，我們會覺得煩躁不安，對任何事都相當敏感，一旦他人的話語稍微刺激到我們的內心，過度的反應便會一觸即發。

例如，在下訂單時出現失誤，因此讓客戶端的負責人不滿。雖然這是工作上的缺失，但如果已經從其他有經驗的同事口中得知較好的善後方式，即使被主管責罵，不但不會感到慌亂，還能冷靜地思考接下來的應對方法。

但如果是第一次遇到這種失誤的人，一開始會不知所措，被主管怒斥「你怎麼這樣做事」後，不但會陷入恐慌，也沒辦法冷靜地尋求解決之道。

當同事看到自己被主管責罵，也許會用開玩笑的口氣挖苦：「看來連你也不行啊。」

如果是有經驗而且容易保持冷靜的人，大概會笑著應對：「沒辦法，我還是出包了。」

但換成是沒經驗而且陷入恐慌的人，就會生氣地說：「我就是不習慣這份業務，不然你要我怎樣！」

缺乏應對知識和經驗的人，由於沿用至今的工作模式無法即時處理問題，因此在想不出解決之道時，容易緊張害怕，進而在人際關係上擦槍走火。

處事上較欠缺彈性的人，可能常會發現許多事情總是無法如願：覺得他人對自己冷言冷語；因為觸景生情而陷入嚴重的低潮；自暴自棄又或者容易勃然大怒，最終導致一連串的反應過度。

反觀，在知識和經驗獲得成長後，就能讓處事態度變得更有彈性。因此，說欠缺知識和經驗容易引起反應過度也不為過。

逼迫他人認錯並從中獲得快感

投訴，是社會上蔓延開來的過度反應之一。

雖然投訴有許多類型，但網路上迅速增加的案例，大多為針對企業的投訴與批判。

當然，在企業的活動和商品出現問題時，客戶對此提出指摘、要求改善活動與商品內容並不是壞事，而且以前的客戶的確較難將個人意見傳達給企業，因為客戶寫信寄出後，有可能得不到回應，而打電話申訴也可能會得到敷衍的回答，直接拜訪企業還容易吃上閉門羹。

例如在我年輕的時候，發現剛買的新書有許多錯字，文章中也有很多編排錯誤的問題，由於該公司是頗具權威的出版社，為了方便它們再版時作為參考，所以我將該書的錯誤一一記下，不帶任何批評地將筆記寄給出版社。可是，我不但沒有收到任何回應，而且日後再去書店看那本書時，所有錯誤依然沒有被修正。

然而，自從邁入網路時代後，將個人意見傳達給企業已經是輕而易舉的事了，只要透過電子郵件就能輕鬆傳達。也許就是因為大家都能做到這種程度的溝通，所以發現企業沒有後續回應時，就會對企業產生不信任感，接著持續在網路上發表負面評論。

尤其是有別於書籍的食品、生活必需品，一旦有缺陷，將會對消費者造成嚴重的問題。不過，由於現在的網路通訊技術發達，一旦商品出現缺陷，這個消息就會立刻廣為流傳，所以企業也會重視這些問題，並且想盡辦法做好應對措施。雖然這一點是網路帶來的好處，不過同時也代表大眾對於企業的活動、商品感到不滿或不信任時，就能利用網路對企業展開過度的抨擊。

這是因為我們得到了名為「網路」的這個武器後，體驗到自我效能感（Self Efficacy）*的甜頭。在從前，企業本來可以視單一消費者為無物，但現在，單一消費者透過網路傳播訊息，其內容一旦獲得極大的反響，就會讓企業不得不正視消費者的訴求。因此，單一的個人就會想利用網路感受到自己更強的影響力，而這其中的過程也更能帶給他們快感。

不管是前文所提及的鐵路員工，或是所有的店家、企業，即使投訴內容蠻不講理、只是芝麻小事，又或是能輕易辯駁的抱怨，大家還是會害怕火冒三丈的客戶直接在網路上散播毀謗的評論。

而在網路上看到評論的他人，也會因為不知道事情的真相，而輕易相信加油添醋的評論。所以，許多人往往會在不了解事情的真相

*譯註：自我效能感：人在完成工作時所產生的信念，並且會引導自己從中獲得成就感。此為心理學家艾伯特．班杜拉（Albert Bandura）所提出的觀念。

時，在網路上受到有心人士的煽動。

另一方面，由於店家、企業都害怕因為負面評論而遭到抵制，因此不管投訴內容是否正當，都不會加以拒絕。尤其是當店家、企業不管自己是否真的有過錯，都為了表示尊重客戶而先採取低姿態道歉，再慎重地處理後續發展時，這種模式會讓投訴者感到爽快。

透過投訴，我們可以將自己的意見擴大到足以影響店家、企業，而自我效能也會不斷提升。一旦對其中的快感成癮，也就會出現一些愛用各種理由在網路上進行投訴的人。

所以，那些本該是小事的問題會在網路上被當成大風波般煽動，其源頭大部分來自於從騷動中體驗到自我效能的人們。而店家和企業之所以會誇張地過度應對，也可說是他們真的很害怕那些對自我效能成癮的人。

第四章
Chapter 4

反應過度造成的社會現象

相較於投訴是希望企業能做出妥善的後續處理，
直接上網批評企業的行為，
比較像是希望能透過網路行使個人的影響力。
一旦能取得多數人的共鳴，就會使人沉浸在滿足感當中。

煽動大眾情感的媒體

反應過度不會來自冷靜的認知反應，而是從衝動的情緒反應中誕生。一個反應過度的社會，不但容易煽動多數人產生情緒反應，同時也會放任大眾的情緒產生連鎖效應。

在煽動大眾流於情緒反應的方面，我認為現今的新聞媒體必須負起相當大的責任。

例如電視新聞。從前的新聞主播會壓抑個人的情緒，以冷靜客觀的語氣傳達訊息；然而現在的新聞主播會將自己的個性表現出來，有時還會一邊添加主觀看法，一邊在報導時帶入個人的情緒。

此外，有的新聞會請搞笑藝人主持節目，運用引人發笑的手法，讓新聞綜藝化。現在的新聞節目要是沒有特別來賓表演誇張又好笑的才藝，基本上觀眾們也不會想收看新聞內容。

雖說如此，我們使用電視等影像媒體時，本來就會以直觀的形式吸收資訊。若是透過書籍和報紙，就會較為仔細的理解其中的邏輯；但觀看電視和網路時，對於較難理解的資訊我們常會不加以消化，姑且憑著情緒來下結論。因此，對於一些新聞資訊我們會囫圇吞棗地接受：「原來是這樣啊，」或是輕易地同情：「看起來好可憐，」又或是莫名地憤慨：「這實在太過分了。」另外，當事物或商品透過影像媒體推銷時，我們也不太在乎內容是否合理，而直觀地覺得影像內容相當有說服力。因此，很多人會被節目穿插的廣告牽著鼻子走，並且在自以為內容合理的情況下購買商品。

現今的影像媒體不但充斥在我們周遭，而且現在的新聞播報員也捨棄了用客觀態度傳遞資訊的使命，反而以情緒化的手法譁眾取寵。反過來檢視，也可以說這個時代的影像媒體不靠譁眾取寵，就無法滿足觀眾的收視欲望。

正因為這個時代充斥著放任情緒反應的人，大家才會容易為了芝麻小事而反應過度。

放任玩家衝動行事的電玩遊戲

最近在搭乘電車時，我們常常能發現某些人會拿著智慧型手機玩遊戲，甚至有人可以在客滿的車廂裡，一邊無視車身的搖晃一邊專心玩。

雖然以前也有很多人會在電車上看書報雜誌或專心地想事情，不過隨著用耳機聽音樂的人逐漸增多，現在也開始有人喜歡用手機上網或玩遊戲了。放眼望去，你會發現這樣的人儼然已經成為電車上的多數族群。

當我們在閱讀書報雜誌時，頭腦會將理解文字內容視為主要的工作，此時思緒較為冷靜。至於聽音樂或玩電玩時，由於不會仔細思考其中的內容，所以很容易放任身體的感覺，讓自己變得衝動行事。

特別是電玩容易讓玩家養成一遇到刺激就立刻做出反應的行動模式。許多電玩不會給玩家充分的時間思考，玩家通常必須在瞬間做出回應。

當我們開始對這種行動模式成癮後，內心就會想追求源源不絕的刺激，希望透過刺激讓身體瞬間反應，一旦生活上沒有刺激，就會覺得任何事都索然無味，也會養成無法冷靜地下判斷的習慣。

由於在這種狀態下，容易對於缺乏刺激的事物感到厭煩，因此在觀看缺乏刺激性的連續劇、電影時，會變得無法仔細玩味劇情。以至於製作連續劇、電影的人們，也會開始因應這樣的口味，加進許多能讓大眾瞬間笑出來的橋段，或是穿插頗具刺激性的場面。

但是當我們的頭腦被深深地烙下「受到刺激↓做出反應」的公式

後，就會容易在未經過審慎思考的狀況下，不假思索地衝動行事。

總之，這種一遇刺激就做出反應的習慣，會逐漸打造出反應過度的社會。

過剩的服務態度

不管是出門購物、用餐，還是前往銀行辦事，我們到處都看得到客氣過頭，甚至足以讓人啞口無言的服務態度。

平常我遇到這樣的服務態度時，心裡都會不好意思地想著：「用不著這麼客氣啊。」不過，看到他們用相同客氣的服務態度對投訴的客人道歉時，卻也忍不住同情他們。我心裡總是會想：「你們真倒楣，遇到這種情況，大家心裡都會非常生氣吧，但你們每次面對客人都要如此低聲下氣。」

例如前一陣子，由於我的存摺已經用完，需要前往銀行辦理更換存簿。在輪到我辦理手續時，服務人員十分歉疚似的對我說：「實在是很對不起，您帶錯印章了。雖然樣子跟先前的印章很相似，不過還是有些微的不同。」接著，我伸手在包包裡找了一下，才拿出正確的印章給他。換句話說，該感到不好意思的人是我，因為是我自己拿錯印章。然而，那位服務人員卻又對我說：「真是對不起，造成您的麻煩，害您又多費了一些工夫。」我回道：「哪裡，是我造成你的麻煩才對。」辦好手續後，我心想是我自己弄錯在先，照理說給人家添麻煩的是我才對，但那位服務人員過度客氣的態度，反而讓我心中的不好意思難以釋懷。

還有，在辦理手續的過程中，因為有其他注意事項需要說明，所以銀行人員拿著文件繞到等候室來找我，接著，這位行員蹲下來，以跟我一樣高的姿勢進行說明。雖然我看過很多人用這種姿勢對客人進行說明，但我還是心想：「沒必要擺出這麼低的姿態吧？用更有自信的方式工作不是會更輕鬆嗎？」不過，這時我又突然想到，也許有些人就是希望銀行人員用這種低姿態進行服務，並且要是沒做到這樣的地步，那些人就會大發雷霆。其實，這種過度客套的服務態度只會讓人變得越來越自戀，覺得「自己主張的道理絕對有用」、「自己應當享有禮遇」，並且形成接近人格障礙的心理。

基本上，自戀型人格障礙有以下九種心理特徵，美國精神醫學會的診斷手冊表示，當一個人擁有其中任五種心理特徵，就可以診斷為自戀型人格障礙。

①過分自負，自認為才能、表現非常優秀。
②過度沉醉於成功、權力或美麗的幻想。
③認為自己十分特別，而且覺得一般人無法理解自己。

④過度尋求他人的贊同。

⑤有強烈的特權意識，做任何事都希望能獲得禮遇。

⑥毫不在乎地利用他人。

⑦對周遭的人事物沒有共感，無法理解或不在乎他人的心情、欲求。

⑧有強烈的嫉妒心，或覺得他人會用相同的標準看待自己，因此也覺得他人會嫉妒自己。

⑨自視甚高且態度傲慢。

雖說擁有多種上述特徵，才可以診斷出一個人有人格上的障礙，不過自負、自視甚高、非常想博取他人的認同、認為自己應當備受尊崇、不關心他人、嫉妒心強烈且十分傲慢，有這些性格特質的人其實遠比我們想像中多上許多。

這種人在犯錯時，會因為自己的理由無法讓人信服而惱羞成怒，因為他們相信自己絕對是正確的一方，所以不願意承認自己的錯誤。因此，當這種人和他人的意見不合時，往往會認為對方肯定是錯誤的。如果對方不肯屈服於自己的道理，他們就會變得情緒化，並且將大腦的開關切換到攻擊模式。

以上這些狀況除了會引導出一個人的過度反應之外，同時也會形成逼迫企業、店家過度禮遇客人的原因。

情感勞動的社會

當過度禮遇客人的服務態度成為隨處可見的現象時，也就代表情感勞動（Emotional Labor）的概念已經遍及整個社會。

情感勞動這個詞是由社會學家霍奇查爾德（Arlie Russell

Hochschild）發明的，意思是為了讓自己的表情、身體語言符合一般的社會規範，而做出讓自己符合該情境的情緒反應。如果以剛才的例子來說明，就是一個人為了達成以顧客為優先的目標，在工作上格外重視自己的情緒管理。

霍奇查爾德採訪了服務態度優秀的達美航空，從空服員以及員工教育的現場探討情感勞動如何運用於工作中。

他針對空服員的情感勞動做出了以下分析：

「那些員工常常跟我說，他們雖然會對人微笑，不過那並不是發自內心的笑容，而是像化妝、穿著制服、放音樂、氣氛良好的裝潢、提供飲料等行為一樣，是具有服務性質的商業手法，並且也都是基於讓乘客放鬆心情的考量而做出的行為。……（中略）……對空服員來說，微笑就是『工作中的部分業務』，而為了讓工作更加順暢，她們也會調適好自己的情緒。換句話說，空服員是一種努力在眾人面前強顏歡笑的辛苦工作，工作中還必須想辦法漠視自己的疲勞和焦躁，若是不小心讓他人發現自己的不耐煩，就會讓『使乘客感到滿足』的賣點前功盡棄。因此，她們還是會想辦法在工作的空檔，將疲勞和焦躁發洩出來，讓心情輕鬆後才能將心思放在情感勞動的過程，從而展現良好的工作成果。」（霍克希德〔Arlie R. Hochschild〕《被管理的心：人類情感的商業化》）

在本質上，情感勞動者會為了滿足顧客而控管好個人情緒，於工作現場察言觀色，再演繹出恰當的情緒表現。而在重視服務態度的行業中，空服員也是最為典型的情感勞動者。

我在《「俯視他人」的心理構造》一書中，曾提過一些特別在乎部下心情的主管。他們和以前的主管不同，不會毫不在乎地斥責部下，在某種程度上，這樣的主管也擁有強烈的情感勞動意識。

在以前，雖然部下小心翼翼地和主管相處是很平常的光景，不過現代卻正好相反，主管和部下相處時反而變得越來越小心。

我個人認為，在這樣的時代氛圍下，也讓老師習慣用對待顧客的態度應付學生和家長。

老師以服務顧客的態度面對學生

在現代，市場經濟的原理終於也浸染到教育領域。因應而生的就是學生和家長會因為支付了學費，而開始產生「顧客」的自覺，在地位上自認比校方還要高。也因為如此，讓校方不得不用對待顧客的態度對待學生和家長。

這種過度的服務態度，不只出現在商業交易的場合，就連現在的教育場所也頗為盛行。

為了不讓學生在求學時受到的傷害變成一連串的指控，很多學校開始過度在乎家長們的意見，而老師們在工作上的態度也越來越接近情感勞動。

因此，對於現代學生們的抱怨和要求，老師們習慣照單全收。此外，老師也絕不會嚴厲的地指導學生，因為要是太過嚴厲，可能會不小心傷害到學生們脆弱的心靈。所以，常可見到現代老師提心吊膽地與學生應對。

也因為這樣，學生和家長也開始認為自己的任何要求都該理所當然地被實現。一旦不如己意，比起反省自己是否觀念錯誤，他們反而會因為無法理解而展露出攻擊性。

在如此的教育環境下，學生們無法在嚴苛的現實環境中挺直身子，也無法鍛鍊出足以跨越困境的心靈。這樣的學生只要發現世事無法盡如己意，就會怒不可抑。一旦有倒楣的事發在生自己的身上，就會開始身體不舒服，或者陷入低潮。

曾經有某位大學教授在課堂中糾正學生上課的態度。一般來說，在這種場合，學生通常會向老師道歉，然後再重整好自己的上課態度；但那位學生反而對老師說：「不要囉唆！」據說老師也繼續對學生說教，結果，那位學生下課後立刻前往教務處投訴老師，理由是老師言行不當侵犯了他。同時該學生還對校方表示，不想再上那位老師的課，所以也提出了撤換老師的要求。

由於現代的教育現場也進入了滿足顧客的時代，所以教務處對那位學生的投訴不會置之不理。雖然校方沒有因此解聘老師，但為了息事寧人，還是以特別案例的方式，讓該學生轉往其他老師的班級。

就這樣，校方在教育現場展現顧客至上的態度，反而將學生培養成一遇到事與願違或不好玩的情況，就會馬上失控的態度。

網路助長反應過度

在現代，網路上的文章可以決定企業和店家的生死。由此可知，網路文章的威力甚大，不但能讓評論對象獲得成功，反之，也能使其面臨關門大吉的窘境。

當網友把針對商品的投訴、企業和店家的待客態度上傳至網路後，事情往往會以迅雷不及掩耳的速度流傳開來。

然而，除了親自上傳的本人之外，其他人無從確認內容是否造假。所以要是上傳者是一個容易反應過度的人，也許會將帶有獨斷偏見的投訴內容散播出去。又或是平時積怨已久的人，也可能故意藉此在網路上發洩情緒。又或者上傳者並沒有惡意，只是對店家、企業的態度有所誤解而已。

但不管如何，一旦投訴文章上傳到網路後，就會接二連三地出現

「太過分了，怎麼會有這樣的店家」、「這種態度真的很可惡，不能原諒這種企業」等流於情緒反應的感想。而有這類感想的人，還會利用社群網站的轉發功能，將投訴文章廣為流傳。

原本只是個人觀感問題或積怨已久所發表的批評，經過這樣的發展後，不但讓企業和店家的負面名聲進一步地擴散，接連而來的批判也會不斷地向他們興師問罪。

當店家、企業意識到外界批評的力量後，即使是蠻橫不講理的投訴內容，也不得不採取相應的安撫手段。雖然這種方式就像以毒攻毒一樣（以反應過度對待反應過度），但要是不做到這樣的地步，難保以後不會受到更大的損害，畢竟企業和店家都很害怕批評所帶來的後續效應。

其實，還是有消費者會認為企業沒必要用既誇張又明顯的態度挽回顧客的關愛。

例如，曾經有一位顧客買到有缺陷的消耗性商品。由於那是透過網購、以貨到付款的方式購買的，所以在打電話向客服說明狀況後，該消費者日後收到了新品和道歉函。雖然那件有缺陷的商品已經使用到一半，但企業為了表示歉意，所以也附上了商品製作過程的追蹤調查報告，以及關於日後改善商品的說明文件。不過，那個人卻認為：「我只是一個單純的消費者而已，不是專門製造或販賣商品的商人，就算讓我了解這些事，對我的意義也不大，畢竟我不是你們公司的主管。我覺得事情發展成這樣未免也太誇張了。」

雖然如此，但也還是會有消費者覺得自己該像個經營者般，不了解所有狀況的來龍去脈就絕不罷休。在這種風氣下，也造就出不得不用誇張方式處理問題的企業。

自以為無所不能並沉迷其中的人們

在不久之前，只要你不是從事媒體業或者相關領域的專家，基本上無法針對不特定的多數人發表個人意見。不過在網路日趨成熟後，每個人都開始擁有發表自己想法的權利。

因此，有些人會認為自己已經掌握到足以改變任何事物的力量，產生了自己無所不能的幻想。尤其是在現實世界中，自身強烈的權力欲無法得到滿足的人，他們對許多事物本來就充滿了攻擊性，而在發現自己能藉由網路輕易影響社會後，就更加沉迷於網路所帶來的快感之中。

網路最大的優點就是每個人都能平等地發表，不被權威所壓制。此外，大眾的民意也不會被掌握權力者給漠視。但其中值得存疑的問題就是，網路意見不盡然是普羅大眾所匯集出的共識。

有些人碰上了網路，就會產生自認為無所不能的幻想。他們會產生「自己的意見絕對能讓大家接受」、「自己什麼事情都做得到」的感受，也覺得自己能透過網路干涉店家、企業的經營方式。但是如果對方沒有按照自己的意思做出回應，這種人就會怒氣沖天，並且想盡辦法加以攻擊。

尤其在最近，直接向企業投訴的案例變少，網路上針對企業發表抱怨文的人則越來越多。由於網路流傳的抱怨文不像投訴那樣，企業可以立刻了解狀況，因此企業會在來不及亡羊補牢的情形下，飽受網路的謠言與批評。到最後，甚至還會有人批評企業沒有解決問題的誠意。

從這種發展模式來看，相較於投訴是希望企業能做出妥善的後續處理；直接上網批評企業的行為，比較像是希望能透過網路行使個人的影響力，一旦取得多數人的共鳴，就會使人沉浸在滿足感當中。

確實，以前可能是企業不認真看待投訴的時代，但現在較有良心的企業並不會不理會這些意見。但即使如此，還是有人傾向於上網抱怨，而不直接和企業溝通。這是因為沉迷於影響大眾、攻擊他人的心理傾向使他們不得不這麼做。

此外，NHK的《今日焦點》（二〇一五年二月十日播放）也揭露了這樣的現象。節目中收到的匿名投稿大多是揭發企業的商業問題，但在無法確認內容真偽的情況下，往往會壞事傳千里，進而讓企業蒙受巨大的損害。還有，某些投稿內容在表達上較為隨便，而且帶有些許開玩笑的意味，這也會讓企業不知該如何處理其中想表達的問題。

除此之外，當企業對指控進行反駁時，網路上就會出現「態度還是很高傲」、「一點反省的誠意也沒有」等持續不斷的抨擊。就算企業乖乖地公開道歉，之後要是沒有針對過錯提出明確的對策，就會被批評為不想預防問題再度發生。

但消費者和企業一樣都是人，只要是人，就難免會出現失誤，那麼他們又為何特別愛針對「態度很高傲」這一點呢？在我一一檢視節目裡出現的案例後，發覺其中很多都屬於反應過度的抱怨。

另外，由於節目中的專家意見比較沒有站在顧客的立場，因此也受到了若干批評。所以，後來該節目也開始建議企業不可以無視顧客的要求。

但是，對生產者、販售者、提供服務的人來說，顧客只是用金錢購買商品和享受服務的對象，他們並不需要對顧客擺出「過低的姿態」。他們的動機只是因為某種商品和服務能以金錢來交易，所以才會藉著提供商品和服務以達成賺取金錢的目的。我想反問：買賣雙方在互動上不就是對等的關係嗎？

「顧客至上」這種認知，還有自以為無所不能的幻想，可說是讓反應過度如野火般在網路上延燒的原因。

我在美國常常能看到超市裡負責微波爐加熱的店員，會突然指著自己的手錶大聲說：「現在五點半了喔，已經到了我的休息時間，買好食物的人請半小時後再來加熱。」接著便直接離開工作現場。而客人們除了一邊聳肩一邊嘆氣之外，只會安靜地離開或是在原地等候。

如果換成日本的客人，遇到這種情況大概會馬上怒吼：「豈有此理！」接著就在現場大吵大鬧。

由於我自己也有著日本人的價值觀，所以第一次在美國看到這種情景時覺得：「咦？原來美國的店員會這樣啊？這在日本是很沒禮貌的態度耶。」不過稍微思考後，就能了解，店員提供加熱服務只是用金錢等價交易下的行為，而過度的服務會讓雙方所追求的結果不對等，所以美國的店員才會不過度禮遇客人。

習慣立刻低頭認錯的企業

由於日本企業信奉顧客至上的觀念，因此不管投訴的內容是否合理，通常不會做出任何反駁，只要一遇到狀況，就先低頭認錯再說，就算對方提出蠻橫的批評或要求，也不會據理力爭。外國人常常對日本人做錯事就馬上低頭認錯的習慣感到無法理解。這是因為日本社會在根本上，就是靠低頭認錯來保持良好的人際關係。

我在《「對不起」之國》中，以「對不起」為關鍵字，分析日本式溝通的深層心理。相較於歐美社會以說清楚個人意見為溝通的重點，日本式溝通則將重點擺在醞釀出良好的氛圍，而道歉更是創造良好氣氛的重要方法。

還有，在責任範圍內大方承認錯誤，是日本社會的美學，而接受道歉的對象也會因為犯錯者坦然的態度，而難以繼續責備下去。不過，這樣的行為倒不如說是因為日本人深知，打死不認錯反而容易激起對方強烈斥責的情緒。

下文我們將節錄一部分《「對不起」之國》的內容，因為其中的分析和本書再三檢視的網路投訴的心理特徵有很大的關聯。

在日本的習俗中，發表致歉聲明時會用上各種豐富的表現手法。首先，大多會承認「我真的做錯事了」，以表明自己願意擔負責任，然後以「真的很對不起」、「是我犯下不可挽回的錯」表達悔恨之意；接著用「我不知道自己為何會這麼做」表達出困惑，最後以「未來我將做好應盡的補償」為誓言，藉此表達自己的決心。只要照著這樣的流程進行，通常就能逐漸緩和惡評。

——摘自《「對不起」之國》

此外，若是致歉者在不可能有錯的場合下，基於原則而公開致歉時，雖然會讓大眾覺得此舉甚為怪異，但至少能確保事態的發展較為順遂。

「由於所有公司都會犯下相同錯誤，所以單方面譴責、追究本公司是很不合理的行徑」、「在處理上，我們已經盡力選擇最好的方法，要是有其他更適合的方法，也希望各位能不吝賜教。此外，我們也不認為自己有所疏失，因此不接受這種程度的責任追究。」如果政治家和實業家像這樣透露出真正的心聲，並不會因為老實說出內心感受而得到肯定，反而會因此被貼上「想法幼稚」、「讓人觀感不佳」等負面標籤。還有，就算誠實地說出「既然大家都這麼認為，基於現實我只好低頭」等發言，大眾也不會接受這樣的態度。

所以，即使基於原則而致歉的行為看似詭異，不過卻能防堵真正的心聲洩漏出來。另外，在沒有依照潛規則而致歉的案例中，後續發展大多不是那麼地順遂。也許讀者們可能會感到意外，但我的結論是，遇到狀況先道歉再說的傾向，其實是因為日本社會特有的同情心深植於大眾的心中。

換句話說，致歉者放棄內心真正的想法，在大眾產生同情心時公開道歉，就能讓接受道歉的一方放棄追究。其實，從這種日本特有的心理特徵中，我們也能發現大眾並不喜歡看到他人在諉過時產生如同小孩子耍賴般的醜態。

——摘自《「對不起」之國》

在日本，道歉比起追究後續責任而言，很大一部分原因是為了維持自己的面子。而在認錯時，他人若是對此表現出：「沒關係啦，你別自責了，」彼此就能在同情中產生交流，讓場面更融洽……（中略）……所以比起承認自己的錯誤，從道歉過程中醞釀出曖昧的融洽氛圍才是真正的重點。

——摘自《「對不起」之國》

另外，不久前曾有某間外商速食業者公開發表致歉聲明，然而該企業的加拿大裔社長在致歉時卻板著一張臉孔，之後便飽受大家的譴責。雖說如此，但這多半是因為道歉文化上的差異所導致的。

不過，將這個案例延伸來說，顯示了在逐漸邁向國際化的現代，道歉可能無法達到人際上的潤滑功能，甚至還有可能會因為「既然都已經道歉了，那就要好好地負起責任」的社會觀感，而被大眾不留情地持續追究。

更何況網路上所發表的投訴，有些是因為上傳者自身難以平息的攻擊心理亟欲尋求發洩，而他人在隨意瀏覽後也被影響，原本單一的個案馬上就會變成莫大的譴責聲浪。當投訴到了這種程度時，企業和店家往往會感到萬分恐懼，接著就在不知不覺間以過度誇張的致歉手法來安撫大眾。

由於社會產生了如此的風潮，所以越來越多人喜歡藉此獲得自我效能，或發洩掉內心的攻擊性。當這種人變多時，每個人就會因為一點不滿而上網利用輿論進行抨擊，進而讓整個社會籠罩在反應過度的風暴中。

缺乏寬以待人的觀念

曾有一個精神障礙者的收容計畫，打算在某個住宅區內建造安養中心，但當地居民不但群起反對，在公開說明會上還有人提出「核電廠也宣稱很安全，結果還不是照樣發生意外，你們能保證精障人士真的安全嗎」、「居民社會地位普遍較高的地區，不宜讓精障人士入住」之類的意見。（此文及以下文摘自二〇一五年一月一日出刊之《每日新聞》）

在安養中心竣工後，當地居民拉起將近十條布條，上頭的內容大致為「強烈反對精障人士大量入住本地」。

據說，當地有許多居民已經超過六十歲，由於不希望自己的晚年生活遭到騷擾，因此為了維護拚命工作賺錢所獲得的居住環境，才會反對當地建設收容精障人士的安養中心。

其實，當地居民並不是缺乏關於精神障礙者的知識，而是無法按捺住內心隱約感受到的不安。

因為持反對意見的居民們，有許多人對自己的晚年生活感到焦慮，因此也沒有太多的能力去顧慮他人的生活。此外，由於現代開始邁入超高齡化社會，每個人都即將面對年輕時沒有設想過的生活，所以內心的思慮才會被這樣充滿不安的時代背景所影響。

雖說精障人士本身也是想盡辦法活在社會上的，在居住議題上應當用同理心看待他們，但雙方因為立場相悖，因此居民會顯得欠缺寬容心。

這個案例和第一章的居民針對幼兒園提出「小孩子聲音很吵」的投訴相同。

居民們雖然從小就在當地成長，也曾在當地教育下一代，但換成是他人養兒育女，居民不但無法和對方達成共識，而且也難以用寬容的心態看待對方。

我認為這些案例的問題在於，居民的內心想要排除掉非我族類。

其實，日本社會本來就有極力排除非我族類的傾向，而且也沒有

「別人是別人，自己是自己」的概念，所以總是會在乎他人的狀況和自己之間的關聯。

這是因為日本人和歐美人不同，歐美人會以個別的自我在社會上生存，而日本人要生存，就必須擁有和他人產生聯繫的自我。以個別的自我生存時，能將自己和他人的關係區分開來，並且自然地產生出「別人是別人，自己是自己」的觀念。如此一來，遇見和自己的思維不同者時，就不會太在乎他人的價值觀和自己有所差異。

而靠著人際關係來建立自我的日本人，平時要隨著自己和對方之間的關係做好用字遣詞上的變化，所以交談時必須確實地切換坦白直爽、符合禮儀或畢恭畢敬的談吐。

此外，在第一人稱代名詞上，也要視對象的不同做出變化。例如面對比較粗魯的人時，雖然可以用「俺（オレ）」自稱，但某些對象會比較適合使用「僕（ボク）」，又或者在某些人的面前一定要用比較謙虛一點的「私（わたし）」*。

就是因為日本人之間有這樣的規矩，所以才會老是在乎對方和自己之間的關係，並且常常和他人比較社會地位的高低。而在比較後發現對方和自己是相似的族群，就會感到安心，反之就會對於對方的存在感到不安。所以在日本，只要彼此間的性質相似，通常容易形成關係鞏固的族群。

由於日本人容易按照類型群聚，並藉由這層關係排除非我族類，所以有越來越多人難以關懷他人，也就是缺乏寬待非我族類的能力。

這一點和網路社會化的發展也有相同之處。雖然在面對面時，我們常常必須強迫自己和價值觀、性格不合的人相處，不過到了網路世界中，我們就能輕易地和興味相投的人打交道，完全不用勉強自己接觸不合己意的人。透過網路，我們能夠挑選自己喜歡的相處對象，也能輕易遮蔽掉自己不喜歡的人和與其溝通的管道。

*譯註：「俺」（オレ）：男性用的第一人稱代名詞，用於私人場合、家中，或對方是平輩、晚輩時。由於在公眾場合使用較不體面，所以會顯得很沒禮貌。「僕」（ボク）：男性用的第一人稱代名詞，稍微強調自謙、年紀尚輕的感情，類似中文的「敝人」、「小弟」。「私」（わたし）：較中性的第一人稱代名詞，適用於公眾場合，在長輩或主管面前使用也不會踰矩，很接近中文的「我」。

第五章
Chapter 5

防止反應過度的方法

如果我們想防止反應過度，最需要的就是靠自己的頭腦仔細地判斷。
不輕易相信片面的資訊，一定要從各方面加以分析。
要是我們沒有參考多方意見、結合各方觀點，
就容易引發過度行為。

不要因為反應過度而培養出以客為尊的觀念

如前文所分析，企業和店家過度禮遇客人的服務態度，就是助長反應過度的元兇。

以前我曾在電視上看過記者採訪一位超市店長，我忘了當時討論的確切內容，不過店長卻對記者說：「托您的福，所以我們如此設置店內的器材。」但新聞記者並不是當初要求擺設器材的人，所以我認為店長應該直接說：「我們決定將器材設置成這樣」會比較妥當。

還有一次，新聞上介紹某個團體所做的問卷調查，但用了「拜各方先進所賜而收到的調查結果顯示……」這句話讓我感到不太對勁，因為並不是用拜託的方式請對方協助回答問卷的，所以應該用「根據問卷的調查結果顯示……」會更好。

不管是店家也好，醫院、銀行也罷，我們隨處都能看到過度禮遇客人的服務態度，有的甚至就像第四章所舉的例子那樣，看了只覺得「沒必要做到如此誇張的程度吧」。

當然，做生意時對顧客展現出誠意確實是必要的，可是過度的誠意會讓客人覺得服務過頭。像「花錢就是大爺」的觀念，大概只有日本才有吧？我在國外買東西時，常常可以感受到買賣雙方的關係其實是對等的。

由於日本這種詭異的待客之道，讓許多人開始覺得自己身為顧客就可以任性妄為，只要在消費時感到一點不愉快，就會提高分貝表示：「你怎麼這樣對待客人，太沒禮貌了」或是「這間店實在太過分，我一定要PO上網讓大家知道他們的惡行惡狀」。

其實，如此古怪的生活狀況，也反映出現代的不安氛圍。

現在的日本和高度成長時期的日本不同，當時人們只要努力工作就能持續加薪，生活品質也會跟著變好。然而現在已經不如當年，前文中我們也針對這點分析過大眾因此覺得「付出沒有得到回報」。

由於大家的生活無法滿足，連帶著心理狀況也容易感到不滿。

當人們心裡想著：「為什麼我的美好生活就像泡影般消失了……」、「反正努力工作也不會有好事發生……」時，突然受到過度客套的服務，就會感到自己備受尊崇，以為自己做什麼都能受到愛戴、說什麼話都會受到肯定。在心情愉快的同時，內心也湧出自以為無所不能的自我效能。

對於每天都欲求不滿、認為人生過得很悲慘的人來說，這種被奉為貴賓的感受特別容易讓人上癮。

當企業和店家習慣過度禮遇顧客後，人們自以為是的顧客意識也會跟著膨脹，甚至嚴重到讓大家無法處理這種混亂的局面。

所以，企業和店家在待客之道上，應該要將不過分禮遇顧客列為重點。面對不合理的抱怨和要求時，要毅然地加以駁回。這是因為面對任何要求都輕易妥協的態度，會讓許多人養成花錢就是大爺的壞毛病。

企業和學校要有主體性

日本存在著立刻低頭認錯的文化傳統，即使犯錯的不是自己，為了維持良好的氛圍，以及不讓人際間產生尷尬的窘態，一遇到狀況就會先脫口而出：「對不起」、「真的非常抱歉」。

例如在客人自己弄錯訂購商品而前來投訴時，即使心中覺得這不是自己該負的責任，基本上還是會回答：「真的很抱歉，雖然本公司按照您的訂單寄出商品，但或許我們在手續上出現錯誤。本公司將立即為您重新寄出正確的商品。」而客人聽了態度也會有所軟化：「哎呀，這其實是我寫錯商品了，抱歉給你們添麻煩了。」結果就會圓滿收場。

這種在對方表示歉意時，自己也要表示歉意；對方開始讓步時，自己也要跟著讓步的規矩，就是日本式的交流文化。但是，在現代，這種互相維持平衡的溝通方式卻已經逐漸瓦解。

例如以前企業和學校就算遇到不該由自己負起責任的狀況時，慣例上還是會道歉以表示讓步，而投訴的一方也會按照規矩跟著配合。可是現在人們看到企業和學校讓步，反而會食髓知味，想要進一步的提出投訴，以達成更強硬的要求。這種風氣持續下去，只會讓人無法用心做生意或教育下一代。

尤其是在教育現場，學生和家長會用不合理的投訴影響教學，使學校機關無法充分發揮原有的教育功能。此外，老師疲於應付家長的投訴而產生心理疾病，這種社會現象也開始日益嚴重。

其實，我們只要稍微思考一下就能發現，在網路上發表投訴文章的人，還有因為他人的投訴而跟著情緒失控的人，只不過是極少數的族群。因為現實中有很多人不會在網路上尋求心靈的慰藉，所以不會特別在網路上闡明個人的看法，也沒有興趣在讀過他人的文章後發表讀後感。換句話說，即使網路上某些極端意見看似受到眾多網友們的認同，但也未必就是現實世界的正常輿論。

這一點和直接且不合理的投訴相同，某些人以為說話大聲就代表自己有理走遍天下，但他們卻總是忘了，有更多人會默默地用常識判斷真正的是非對錯。

不管是企業還是店家，在面對投訴時千萬不能流於消極，有應當陳述的意見就該說出來，並且正當地反駁，清楚明白地強調主張，才能確實地將工作上的責任說明清楚。

雖說日本即將邁入國際化的時代，但奇怪的是，我們的社會上卻到處都能看得到企業和店家展現出不敢釐清責任的過度對應。

當屈服於不合理的投訴後，反而會讓分不清狀況的人更加不信任企業和店家。所以，企業和店家想獲得有識之人的信賴，就不該含糊其詞地將所有顧客奉為貴賓，而且還要把份內的工作責任畫分清楚。如此一來，才能穩當的面對不合理的投訴。

重新建構應有的常識

以往我們能靠常識來解決的問題，現在處理時，卻常衍生出一套繁文縟節。這也是反應過度所造成的影響，而我們想破除這種現象，最重要的就是重新建構社會的常識。

面紙用完時，我們通常會馬上將空盒子丟掉。此時，會看到空盒的底部竟特地印上「用完後請按照此步驟將空盒折好」的圖解。但這不代表我們必須照著圖上的方法將空盒折疊好再丟掉，既然是紙盒，也可以隨手壓扁再丟掉就好了，根本沒必要多管閒事地印上圖解。這不禁讓人懷疑，是不是製造商害怕使用者不懂如何折空盒，可能會藉此投訴他們，所以才有這樣的圖示產生。

另外，空盒上還印有「丟棄時請依照當地規範做好垃圾分類」的提示。這是因為外來遊客在當地居住時，可能會使用外地的垃圾分類法丟棄空盒，所以印上這句話提醒遊客們必須遵守當地的規定。不過，丟垃圾的問題基本上和廠商無關，應該是消費者本身的問題。印上這句話也許是因為廠商害怕有人沒有依規範丟棄，結果讓垃圾分類沒做好的投訴指向廠商。

雖然這有可能是因為廠商認為自己有責任要求消費者做好垃圾分類，但一般來說，丟垃圾是消費者自己的責任吧？

另外，我曾在旅行時前往賣場的食品區買便當，看到微波爐旁堆滿類似葡萄奶油夾心餅的商品，由於看起來很好吃的樣子，忍不住就買了。當我準備拿起來吃時，發現包裝的背面寫著「雖已仔細去除葡萄乾的蒂頭與莖部，但還是要小心仍有殘留的部分」。這是因為夾心餅中的奶油多少會混進一些葡萄蒂頭和莖部的碎屑，也許廠商預先思考了這個可能會讓自己遭到投訴的問題，所以才會特別印上這個注意事項。

萬一有人針對這個問題提出投訴，並且引起大騷動，想必大家也會當成一件怪事。不過，我們的社會也許很需要重建看待這種事物的觀感。

還有，我到住家附近的超市買東西時，在入口處供顧客喝茶聊天的休息區，發現牆上貼著一張布告。內容寫著希望使用休息區的顧客們注意，「禁止喝酒或抽菸」、「禁止攜帶外食」、「請勿長時間（一小時以上）獨占休息區的位置」等規定。

按照常識來判斷，當我們長時間使用休息區時，若是看到需要找位置休息的人，通常會自發性地讓位給此人。也許超市特地定下這個規定是因為有些客人會長時間獨占座位，導致其他客人沒有地方休息吧？此外，「長時間（一小時以上）」這個如此具體的時間，可能是曾有客人對此反過來質疑「我不覺得自己長時間使用座位，那你們定義的長時間又是多久」吧？隨著原有的常識開始瓦解，許多店家也常常為了一些小事而特地標明注意事項，但這麼做也讓自己變得更難以服務顧客。

還有，第四章舉過關於消耗品的例子。在商品出現瑕疵時，我們只要打客服電話跟廠商說明商品的狀況，廠商一般都會賠償全新的商品。在這個流程中，包裹裡還會附上很客氣的道歉函，甚至會理所當然地以商品後續調查為主題，附上讓消費者了解商品製造過程的追蹤報告。

雖然這樣的舉動十分有誠意，但消費者並不是負責製造及販賣商品的業者，所以即使不做到如此程度，單純的更換商品和道歉也就已經足夠了。追究商品的生產流程畢竟是業者本身的責任，實在沒有必要做到讓消費者什麼都知道。雖說如此，但這也是因為部分消費者會要求企業這麼做。

不過，企業會有如此過度的服務態度，也不單是消費者過分介入的關係，其實有越來越多企業甘願做誇張過頭的服務，也是間接帶起這種風氣的原因之一。

總之，當務之急就是要為社會重新建構程度剛好的常識。

公共媒體不應反應過度

不管是電視還是網路，常常都能看到新聞業者以誇張的手法報導新聞，而那些報導不禁讓人覺得也是反應過度的一種。

例如，新聞會報導打工族自拍上班時KUSO的模樣，除了上傳至網路造成話題外，也會不斷重播其中的詳情。身為一個打工族，的確不該把工作時的玩樂上傳到網路炫耀。但新聞實在沒必要一五一十地把這些人的膚淺行為傳播給全國人民。

更何況，想出風頭的人看到媒體全天候播放報導，就會故意模仿這種行為。原本只是單一個案，結果培養出一群故意貼惡搞發文的族群。這種上傳KUSO照片的狀況在網路上很常見，其中也有很多人表示自己的動機是「想出風頭」。雖然這是一種反應過度，但媒體刻意渲染的誇張報導也助長了這種風氣。

本來只是無聊的惡搞照片，但由於新聞大肆報導，反而讓上傳者從中獲得了自我效能，而其他人則為了要出風頭，開始紛紛效法這樣的行為。

因此，我認為，想要杜絕這種歪風，最重要的就是新聞媒體不要將這種行為看在眼裡，也不用鋪天蓋地地去刺激大眾對此進行譴責。只要那些上傳者發現自己被大家忽視，得不到自我效能，也就會放棄刻意上傳惡搞照片了。

說起來，現在有很多電視新聞喜歡煽動大眾，並且引起人們激烈的情緒起伏。

以前的電視新聞在報導時，會用冷靜客觀的語調陳述時事，也不會對其中的內容發表意見。然而，現在的新聞卻很習慣加上主觀的評論，這種手法在解釋新聞的過程中也牽引了觀眾的想法，甚至還能將新聞渲染成嚴重的事件。

雖然這種報導手法有其優點，但同時也會演變成大問題。接著要針對這一點做個分析，希望讀者們能意識到新聞報導過於綜藝化是不太好的現象。

目前有許多新聞節目甚至會邀請藝人當特別來賓，他們除了聆聽新聞內容之外，還會用搞笑的方式發表感想，也會故意做出一些極端的行為引人發笑。也許這是因為他們身為藝人，非得做出引人注目的行為不可。再說，以藝人的工作來說，逗人發笑也是很合理的。

不過，因此所產生的其他模仿行為就讓人無法忽視了。模仿（Modelling）指的就是觀察身邊喜歡或崇拜的人物其言行，並且有樣學樣。

例如藝人說出非常自私的感想，或是故意表現出憤怒的情緒，就會有觀眾覺得：「嗯，我有這種想法也是可以的」、「既然我也覺得不高興，那麼我對此生氣也沒關係吧」。

這種讓新聞報導流於情緒反應和極端行為的手法，會漸漸消磨掉觀眾用冷靜心思判斷是非的習慣，進而引發反應過度。

打造認同多元價值觀的社會

在網路社會形成後，每個人都能上網發表自己的意見。以往公開傳遞訊息的能力大多掌握在媒體、權威和專家的手上，然而現在任誰都能自由地將意見和資訊上傳至網路。

隨著網路的發展，社會的價值觀也開始呈現多元化，單一的個人能藉此建立起獨有的價值觀，但相反地，我們也容易因為網路而盲從。雖然網路可以讓人與人之間取得聯繫，可是大家的價值觀也會因此變得較為統一。

因為面對多元化且大量的資訊時，我們會猶豫自己到底該相信哪種資訊才正確。由於我們會對自己的判斷力沒信心，所以就會將「不知道大家會怎麼做」、「不知道大家怎麼想」當作標準，之後也就開始過度在乎「大家」的動態究竟如何。

還有，流行現象的運作也是如此，尤其在買賣商品和價值觀上，大眾會極端地集中於同一種傾向。

光是「暢銷」這個理由，就能促使眾人一窩蜂地購買特定商品。例如賣書時，只要在書籍放上「最暢銷」的提示，人們就會對此有所反應，接著形成一股只購買該書的風氣。由於在販賣商品時主打「暢銷」就能產生越賣越好的效應，反之其餘的書籍只會隨著時間流逝買氣下滑。因此，商人們開始出現只賣「暢銷」商品的極端傾向。

這種極端集中的傾向，也可說是一種反應過度，眾人都隨著這種資訊起舞，無法判斷自己購買該商品是否合理，唯一的判斷標準就只剩下「賣得很好」了。

除了在買賣商品時是如此，價值觀方面也有類似的傾向。如同「暢銷」在人們的想法會轉變成「很好賣」；「大家都這麼說」也會轉變為「大家都這麼想」。

尤其日本人的習性就是容易在乎社會觀感，習慣用「大家」的標準來過生活，到了網路上，這種習性便進一步地獲得強化。

既然我們好不容易創造出能讓多元化資訊流通的時代，那就更需要認同多元的價值觀，並且讓各種價值觀能夠共存。

雖說要保護多元價值觀就該尊重單一個人的個性，但極端集中於一種行為的傾向、網路謾罵等典型的反應過度，在現代還是到處橫行。還有，隨著網路聯繫起了大家的想法，也會讓每個人逐漸喪失屬於自己的個性。

總之，社會必須積極認同個人所衍生出的多元性。

留意多面向的資訊

當一個人隨著資訊起舞，不親自思考其中的合理性，就會引發各種反應過度。又或者只吸收片面的資訊與極端的意見，就會讓自己的行為流於誇張。

如果我們想防止反應過度，最需要的就是靠自己的頭腦仔細地判斷。想要如此做，首先最重要的就是不輕易相信片面的資訊，一定要從各方面加以分析。換句話說，要是我們沒有參考多方意見、結合各方觀點看待事物，就會輕易引發過度行為。

像最近，某些人的單純思維常常會引起大家的側目，某種程度來說，是因為他們大多習慣於接受片面資訊。所以，若我們想要改變反應過度的社會，最有效的還是推廣以多方觀點來思考。

在說服的技巧當中，有「片面提示」和「雙面提示」兩種方法。所謂的片面提示就是，當你撰寫推薦某種商品的企畫文案時，只強調商品的優點；當對方閱讀企畫時，也只不斷強調該商品的好處。而雙面提示則是將商品的優點和缺點列出來，好讓對方做個比較；最後當對方接受企畫時，也繼續強調後續的好處和壞處。

對於欠缺求知欲、不習慣仔細動腦思考的人來說，聽取片面提示時可以產生出簡單明瞭的判斷。雖然這是片面提示的優點，但其中的風險在於這種人分不清狀況時，很容易反過來教訓：「你到底想不想要我採用這個企畫，拜託把意見寫清楚好嗎！」

此時，你若秉持著良心，乖乖地用各種角度說明企畫案，這種人還是會催促：「你別東拉西扯了，快說重點！」要求你做出簡單明瞭的結論。

另一方面，如果對方是較有求知欲、凡事都要靠自己理出頭緒的人，使用雙面提示進行報告就能發揮效果。當你一味地強調好處或是進行單純的說明時，這種人心裡會感到質疑，會覺得自己正被塞入片面的資訊，並在內心抵抗。除非你也將商品企畫的缺點列出，分析其他廠商的產品或該企畫的優劣，以及說明為何自己會提出該企畫，讓這類型的人能從中獲得多面向的資訊，才可以讓他們接受整個企畫案。

當一個社會有明顯的反應過度現象，就表示很多人在看待事物時不用多方觀點加以分析，反而比較喜歡被簡單明瞭的意見牽著鼻子走。因此，我認為不管是媒體或教育機構，都必須提供多面向的資訊讓大眾參考，如此才能使每個人習慣廣泛思考。

另外，最近某些暢銷書也像上述例子，將賣點主打為「不用管旁枝末節，以本書傳授給你的重點就能萬事ＯＫ」，或不考慮事物的發生背景，只是說「跟著這樣做就能一切順利」，寫出這類既極端又欠缺平衡的文案。我認為這種書的客群大多喜歡簡單明瞭的偏頗意見。

面對如此的風氣，我們更該改變社會上層出不窮的反應過度。

接著再來說說日本的現象吧。在日本的組織中，大家在開會時很在乎周遭人們的眼光，因此不敢隨便發表意見。所以，日本人的會議通常很難有所進展。尤其是當提案通過後，眾人已經開始醞釀出一致肯定的氛圍，結果沒人敢提出質疑並表示反對，最後也就會在多數人沒有加以質疑的情形下，讓提案順利通過。對此，我反而認為這種情形，對企業來說是非常危險的，因為某些對企業的不利影響，有時就是這種過於姑息的心理機制所造成。

在日本的企業中，很難出現不怕同儕壓力，又勇於質疑、提出反對意見的人。這是因為每個人都害怕提出反對意見後會被人預設立場，所以大家會避免讓自己面對來自同儕的壓力。其實，有一種方法可以預先設定好反對者，以防止這種因為同儕壓力而產生誤判的情況。這個方法是，在提出企畫案的同時，除了負責提案的人要維持贊成意見外，還要有人負責提出疑問，至於其他人則觀察雙方辯論，從正反雙方的觀點中檢討實施的可行性。

雖說不管是社會、人心還有人生，都不是簡單明瞭的事，但只要用心檢視，還是能發現其中有某些運作的法則。我自己就常常盡力以多方角度觀察事物與人的情感起伏，然後一邊尋找其中的法則。在本書當中我也是如此。不過，雖然平時是用這樣的使命感寫書，但也會常有「到底怎麼樣才能順利達成目標」的想法，想尋求簡單的訣竅。

在拙作《「對不起」之國》裡，我曾介紹基於「原則」做事的觀念有其壞處及好處，也分析了這樣的觀念在瓦解後，大家誠實表達內心想法反而會有負面影響。可是，我自己也常常會想：「基於原則做事的觀念到底是好還是壞呢？」

當然，這觀念並不是能用二分法加以判斷的簡單概念，其中不但分成不同狀況，而且還得考慮對方的意圖才能決定。我想，不管什麼事還是得靠多方觀點來解讀，以避免自己總是用預設立場來以偏概全吧？這也是我一直想向大家傳達的訊息。

試著在彼此了解中化解問題

前文曾介紹了居民、家長常針對學校和幼兒園進行投訴的社會現象。雖說許多投訴屬於反應過度的一環，但面對如此情況，我們又該如何防範呢？

到目前為止，我們主張了學校、幼兒園要更有主體性，面對投訴要以正當的主張反駁，還有教育上要刺激大眾接受多元的價值觀。雖然這些是很重要的預防措施，不過學校和幼兒園面對居民、家長的反應過度時，可能還是要多費點工夫吧？

在大眾魅力的心理學領域裡，有一個名為重複曝光效應（Mere Exposure Effect）的知名理論。當然，這也是經過許多實驗後所證明的法則，其內容大致上為：當你和對方有重複的接觸，就能在熟識的過程中讓對方感受到你的魅力，進而讓彼此產生好感。

基本上，每個人在面對不熟識的他人時，都會抱持著強烈的警戒心。所以當陌生人接近我們時，通常會馬上擺出防衛的姿態。如果對方的行動超出預期，甚至損害到我們的利益時，我們就會顯露出攻擊性。

像住家附近的噪音、樓上小孩的吵鬧腳步聲、彈鋼琴聲等等，如果你平時在街坊鄰居間保持良好的關係，還會互相笑著打招呼，那麼在你跟樓上鄰居表示自己被吵到時，會說「稍微管一下小孩吧，晚上就別讓他們跑來跑去了」、「晚上不適合彈鋼琴唷」，因為彼此之間有所信賴，你會較難憤怒地表達意見，而鄰居也會意識到自己已經騷擾到熟人，會更容易聽從建議。然而，很多人遇到這類噪音擾人的情況時，會因為彼此的關係很陌生，而馬上提高分貝大聲抗議。

如前文所述，NHK的《早安日本》和《今日焦點》都曾提起居民抱怨「幼兒園裡的小孩很吵」，不過節目中也提到幼兒園認真地想方設法來處理居民的投訴。

他們的解決之道就是和居民彼此熟識，藉此防範可能會發生的麻煩。例如邀請居民到幼兒園參觀孩子們的上課情況，或者某些幼兒園會邀請長者、居民參加運動會。

一般來說，參觀幼兒園的族群通常以家長居多，不過幼兒園還是能邀請到附近居民參加運動會、園遊會，或讓大家觀摩孩子們的繪畫作品等等。而且居民不但能和孩子一起遊玩，還能教孩子們玩遊戲，在這個過程中，也就能順利地情感交流。

如此一來，居民看待幼兒園的孩子們，就會像看到熟識的鄰居般，想要真誠地守護孩子。即使覺得孩子發出的噪音很吵，還是會想維持彼此間的關係。此時，對居民來說，此事已不是用耳朵聽見的吵鬧聲，也是會用心思理解的事件。

雖然前文提到通常是因為欠缺寬以待人的態度才引發了反應過

度，不過這也許是彼此間並不熟悉的緣故。

還有家長們對學校的投訴雖然也是嚴重的社會問題，不過這也是能透過一些方法來加以化解的。

例如，某個家長因為某些原因感到不悅，並在出現攻擊情緒時指責老師在工作上的怠慢。如果老師平時和家長缺乏溝通，那麼其他家長聽到批評後，就會輕易地相信其中的內容，並直接說出：「原來他是這種老師啊。」而批評的聲浪也只會不減反升。但要是老師和家長保持良好的溝通，那麼就會有家長基於善意幫老師打圓場，例如：「那位老師才不是那種人，他平常都會認真地思考該如何教育學生，」從而達到阻止批評聲浪持續延燒的效果。

還有，當家長大聲地提出投訴時，千萬不要用「投訴的家長」對上「校方」的模式解決問題，而是要以「老師」和「班上全體同學的家長」的模式和對方溝通。堅定了這樣的立場後，就能在家長面前發揮主體性，並且在常識範圍內讓彼此的意見達成一致。

所以，為了在需要的時刻站穩立場，老師平時就該和家長（甚至是全體家長）搭好交流上的橋梁。

避免用捷思法下判斷

雖然在預防反應過度的方法裡，本書的重點大多放在盡量讓認知反應凌駕於情緒反應之上，不過，養成凡事不去依賴捷思法，也是重點之一。

平時我們要對於「賣得好＝一定是好東西」、「暢銷書＝一定是好書」、「超高票房熱映中＝一定是好電影」的想法有所自覺，而且還要試著用不同的想法跳脫既有的框架。

大家一定都有過買了人氣商品，卻發現該商品讓人失望的經驗吧？其實會與期待有落差，是因為你的購買動機不該是「對他人有好處」，而是「對自己有好處」。

其他像是「聽說是暢銷書，買了卻發現並不好看」，或是「聽說票房很好，結果電影內容很無聊」等等，這些類似情況在我們的周遭並不少見。若是追究這種情況，會發現我們花錢消費的動機本來就是為了要取悅自己，而不是為了盲從他人的喜好。

由於我們忘了自己內心的想法，被「大家都這麼認為」所迷惑，因此一旦期待落空，不滿的情緒就會跟著湧上心頭。而不滿的情緒會讓我們感到焦慮，在這樣的心理條件下，也就容易表現出反應過度。

還有，當我們處於不滿的情緒之中，若是發現某人正在引發騷動，便會不管事實的真相，輕易地隨之起舞。這種現象最典型的就是網路謾罵，只要一個人先起頭，其他人就會一個接一個地跟著附和。

我們會有這樣的舉動，是因為太習慣用捷思法進行思考，不喜歡靠自己理解事情的始末。甚至連日常生活的瑣事，也會被捷思法影響判斷力。

而看到他人正在鬧哄哄地滋事時，除了會想節省仔細判斷所耗費的腦力外，也會輕易地認為「大家說的就是對的」。

因此在大家有所共識的情況下，最重要的就是保持依靠自己獨立判斷的習慣。雖然這是本書最理所當然的重點，不過正是因為我們認為理所當然，便容易輕易忽略。像這種不知不覺忘記仔細思考的情形，說是媒體社會、網路社會的典型特徵也不為過。

結語

以前我常看到某些人容易情緒激動，又或是喜歡用自以為是的正義感來對待他人。不過，我們遇到那些人時，還是有辦法極力避免自己和他們打交道。

然而到了現代，我們卻無法避開他們的一舉一動。這是因為現代是每個人都能上網發表個人想法的時代，只要能上傳文章、能閱讀，就一定會接觸到那些人的想法。即使原本不是嚴重的事，但在網路上針對特定商品寫下負面評論，接著便能立即影響到企業的銷售量。又或者在網路上傳播關於特定店家的服務態度不好，就能馬上讓客人對該店家敬而遠之。總之，只要惡評流傳，人們對於被評論者的觀感就會轉變為避之唯恐不及。也因為這種時代背景，所以那些性格強烈的人也能輕易地提出內容偏頗的投訴。每當我看到那些近乎偏見的投訴四處流傳，常常心想：「就是因為大家都知道那不過是反應過度，所以才不會放在心上。」所以我才無法對這種風氣袖手旁觀。因為假如不趁早修正掉這種偏見四起的現象，未來我們的社會恐怕會產生難以預測的不良影響。

還有，網路上常常能看到某些人為了發洩心中的不滿，用情緒化的字句留下充滿憤怒的指控，然而其中的內容大多可信度很低。

雖然大家都知曉這個事實，但通常還是不會自行確認網路留言的真實性，並且還會因為寧可信其有的心態，乾脆不接觸那些遭到批評的企業、店家。

事實上，那些將個人偏見張貼到網路上的只不過是一小部分的族群，他們多半基於以前不滿的經驗，所以刻意在上網針對特定對象進行負面批評，即使他們知道自己的主張很可笑也照樣為之。而其他人看到這些充滿破綻與偏見的文章時，也不會想要加以反駁。結果，網路上開始出現因反應過度而產生的言論，而那些十分偏頗的意見也開始成了大眾輿論。

因此，我認為我們不該漠視反應過度，必須徹底根治才行。否則反應過度會讓每個人心中的自我效能逐漸提高，並且將會形成不良風氣。到時候，我們的生活環境就成了反應過度的社會。就在我對此感到憂心時，所幸角川新書編輯部的菊地悟與我聯絡。他表示想要以「『反應過度』——社會的亂象」為主題，和我合作編寫新書，剛好讓我有機會能向大家宣導反應過度的可怕現狀。雖然本書主要是分析因反應過度而生的社會心理，但我還是希望本書能幫助大家遠離反應過度。

榎本博明

暴走社會：鄉民正義、網路霸凌與媒體亂象，我們如何面對反應過度的社會 / 榎本博明著；王榆琮譯 . -- 初版 . -- 臺北市：時報文化 , 2016.06
面；　公分 . -- (Issue ; 16)
譯自：「過剰反応」社会の悪夢
ISBN 978-957-13-6647-0(平裝)

1. 社會心理學

541.7　　105007734

ISBN 978-957-13-6647-0
Printed in Taiwan

ISSUE **016**

暴走社會 鄉民正義、網路霸凌與媒體亂象，我們如何面對反應過度的社會

「過剰反応」社会の悪夢

作者　榎本博明｜譯者　王榆琮｜責任編輯　陳怡慈｜責任企畫　劉凱瑛｜校對　施舜文｜美術設計　許晉維｜董事長・總經理　趙政岷｜總編輯　余宜芳｜出版者　時報文化出版企業股份有限公司　10803 臺北市和平西路三段 240 號 4 樓　發行專線——(02)2306-6842　讀者服務專線——0800-231-705・(02)2304-7103　讀者服務傳真——(02)2304-6858　郵撥——19344724 時報文化出版公司　信箱——台北郵政 79-99 信箱　時報悅讀網——http://www.readingtimes.com.tw　電子郵件信箱——ctliving@readingtimes.com.tw　人文科學線臉書——http://www.facebook.com/jinbunkagaku｜法律顧問　理律法律事務所　陳長文律師、李念祖律師｜印刷　百均印刷有限公司｜初版一刷　2016 年 6 月 17 日｜定價　新台幣 280 元｜行政院新聞局局版北市業字第 80 號｜